Alisa C. Füssel

from heart to toe

Eine Anleitung,
dein wahres Selbst zu finden

ALISA C. FÜSSEL

from heart to toe

EINE ANLEITUNG
dein wahres Selbst
ZU FINDEN

Ich bin keine Ärztin, Psychologin oder Psychotherapeutin. Die im Buch beschriebenen Prozesse beschreiben einzig meine persönlichen Erfahrungen. Sollten dich Inhalte in einer emotionalen Form persönlich beeinträchtigen oder solltest du merken, dass du Unterstützung oder Hilfe benötigst, wende dich bitte vertrauensvoll an eine Fachperson. Wenn du dich schwach, krank oder körperlich oder mental in irgendeiner Form beeinträchtigt fühlst, könnten manche Inhalte in meinem Buch möglicherweise nicht das Richtige für dich sein. Konsultiere bei gesundheitlichen Problemen immer eine:n Ärzt:in / eine Fachperson.

Impressum

Copyright © 2024 Alisa C. Füssel

Alle Rechte vorbehalten. Dieses Buch oder Teile davon dürfen nicht ohne die schriftliche Genehmigung der Autorin auf irgendeine Art, weder elektronisch noch mechanisch, verbreitet werden.

Autorin:
Alisa Claire Füssel
from heart to toe healing
www.fromhearttotoe.com
hi@fromhearttotoe.com
 @from.heart.to.toe.healing

Umschlaggestaltung und Satz: Sprudelkopf Design | www.sprudelkoepfe.com
Umschlagmotiv und Autoren-Fotografie: Kristina Klinger | Studio Tù | www.studiotu.de
Lektorat / Korrektorat: Cornelia Czaker | Schreibamt | www.schreibamt.at

Verantwortlich für den Druck: Amazon, Leipzig

ISBN Paperback: 978-3-982668444
ISBN Hardcover: 987-3-982668437
ISBN E-Book: 978-3-982668451

Dieses Buch ist für dich, mein Schatz:
Danke, dass du mich zur Mama gemacht hast, L.
Du hast mir den Mut gegeben,
den größten Entschluss meines Lebens zu fassen.

Das Licht in mir erhellt das Licht in dir.
Auf dass deine innere Sonne immer
scheinen möge und du für ewig dein Licht
am Leuchten erhältst.

Inhaltsverzeichnis

Vorwort 9
From Heart To Toe 16
Wie alles begann 19
Wie ich mein wahres Selbst gefunden habe 25

Deine Anleitung, dein wahres Selbst zu finden 44
Öffne dein Herz 47
Lerne, zu lieben 54
Sei dir deiner selbst bewusst 63
Befreie dich von alten Gewohnheiten 76
Kommuniziere achtsam 84
Löse innere Widerstände 90
Stelle dich deinen Herausforderungen 98
Sprich es aus 111
Bleib bei deinen Herzensmenschen 115
Übe dich in Dankbarkeit 128
Lass los 134
Lerne, zu vergeben 143
Erfahre Heilung 148
Erlange Klarheit 151
Finde deine Aufgabe 160
Beginne umzusetzen 174
Lebe dein wahres Leben 191

Die Kraft der Meditation 201
Energiearbeit 214
Feinstofflicher Körper 218
Chakren 222
40 Tage 233
Was ich dir mit auf deinen Weg geben möchte 243

Meine Meditationen für dich 255
Epilog 276
Über die Autorin 280

„Alles *Dunkle* verschwindet aus dem *Leben* für den, der die *Sonne* in seinem *Herzen* trägt."

Ram Dass

Vorwort

Nun sitze ich hier und schreibe dieses Buch. Ich schreibe einfach drauf los. „Einfach drauf los" sind die Worte, die sich durch mein ganzes Leben ziehen. Ich gehöre zu den Menschen, die immer ins kalte Wasser geworfen werden, die einfach machen, ohne groß darüber nachzudenken, und die sich im Vorfeld das ein oder andere Mal vielleicht sogar zu wenig Gedanken machen. Das ist Fluch und Segen zugleich, doch der Segen überwiegt. Der Segen besteht nämlich darin, dass mir das Leben immer wieder den Mut schenkt, ins kalte Wasser zu springen.

Mit diesem Sprung landete ich voll in meinem Herzen und daher schreibe ich einfach drauf los. Mein Herz schaffte es, meinen Verstand für einen Moment auszuschalten, meinem Herzenswunsch nachzugehen und mich auf eine Reise zu begeben, die mir Freiheit, Leichtigkeit, Liebe, Heilung, Frieden und auch Freude bringt. Es ist die Reise zu meinem wahren Selbst. Eine Reise, die nicht aufregender, schöner und wertvoller sein kann. Eine Reise, für die es keinen anderen Ort braucht als den kleinen stillen Ort in meinem Herzen. Und diesen hast du auch. Es ist ein winziger Fleck, an dem du immer sicher bist, an dem dir nichts passieren kann und zu dem du jederzeit zurückkehren kannst, wann immer du dich nach Stille, Wärme und Sicherheit sehnst. Es ist der Ort, der all die Antworten bereits kennt und der dich durch dein Leben navigiert, wenn du es zulässt.

Meine Reise begann mit dem Ziel, mich von all meinem Ballast der Vergangenheit, von alten Mustern und Gewohnheiten zu lösen, mich von allem, was ich nicht in meinem Körper, meinem Geist oder meiner Seele halten wollte, zu befreien und endlich die Last von meinen Schultern loszuwerden. Als Ziel dieser Reise wollte ich auf Heilung, unendliche Liebe, pure Leichtigkeit und wahre Freiheit stoßen, um meine Seelenaufgabe endlich leben zu können. Der innere Ruf, diese Reise anzutreten, kam von einer besonderen Person. Einer Person, die ich zuvor noch nie getroffen habe, meinem wahren Selbst. Das Selbst, das ich mein Leben lang zwar leise gehört habe, aber das nun auch endlich leben wollte. Einen Ruf, den ich mich nie anzunehmen traute. Einen Ruf, den wir alle hören können, wenn wir es wollen und vor allem, wenn wir bereit dazu sind.

Dass du dieses Buch in deinen Händen hältst, ist ein Zeichen dafür, dass du bereit bist: Du bist bereit, deinen Schmerz loszulassen, deine Aufgabe zu finden und dein wahres Selbst zu leben. Es ist ein Zeichen dafür, dass du den Ruf deines wahren Selbst gehört hast und dass du diesen nicht ignorieren solltest. Ich lade dich mit diesem Buch ein, dich auf die Reise zu deinem wahren Selbst zu begeben. Dein wahres Selbst, die Version, die höher ist als das, was du dir jetzt gerade vorstellst. Geh diesem Ruf nach, trete deine Reise an – egal, was dir dabei begegnen wird, denn die Person, die du dabei werden wirst, ist mehr als die Person, die du sein möchtest. Doch viel entscheidender ist, dass du merken wirst, dass du sie bereits bist.

Es wird Momente geben, da wirst du aufgeben wollen und deswegen habe ich dieses Buch geschrieben. Entscheide dich jedes Mal dafür, nicht aufzugeben. Habe Vertrauen ins Ungewisse und Geduld bis ins Unermessliche, denn du wirst ankommen. Du wirst ankommen bei der Person, die du sein möchtest und du wirst der Aufgabe nachgehen, die dich erfüllt.

In diesem Buch steckt in jedem Wort, in jeder Zeile mein ganzes Herz. Es enthält mein Wissen, meine Learnings und meine Geschichte. Meine Geschichte, die ich dir erzähle, ohne sie zu erzählen. Denn es geht hier nicht um meine Geschichte, sondern darum, was ich aus ihr gemacht habe. Mein Wunsch ist es, dass du völlig frei von Urteil und Vergleichen bist. Denn wir alle haben unsere ganz eigene Geschichte, wir gehen unseren individuellen Weg, wir haben eine einzigartige Reise, die sich Leben nennt. Auf dieser Reise kommt irgendwann der Zeitpunkt, an dem du dir die Frage nach dem Sinn des Lebens stellst, dich nach dem Warum fragst und wissen möchtest: „Was kommt jetzt?" Und hier hole ich dich ab und überlasse dich dem Timing deines Lebens. Es ist bei uns allen ganz verschieden. Doch wenn du mich fragst, wann du anfangen solltest, dann ist meine Antwort: Jetzt! Spring noch heute ins kalte Wasser und schwimm einfach drauf los. Trau dich, deine Reise hier und jetzt anzutreten, und mutig nach deinem wahren Selbst zu suchen, denn du kannst es finden. Und du kannst es sein.

Also, lass dich durch meine Erfahrungen inspirieren, deine Reise zu beginnen oder auf deiner Reise weiterzukommen. Lass mich dich ein Stück begleiten, damit ich dir von meinem Weg erzählen kann. Nimm die Unterstützung meiner Anleitung an, um dich selbst zu finden. Und wenn es nur ein Bruchteil ist, der dich inspiriert und weiterbringt, dann bin ich schon glücklich und zufrieden. Denn es ist dein Leben, dein Weg, deine Reise. Nimm aus diesem Buch mit, was dich jetzt gerade weiterbringt, was dir im Hier und Jetzt eine hilfreiche Unterstützung sein kann.

Mein Wunsch ist, dass du sowohl das große Ganze als auch jedes noch so kleine Puzzleteil betrachtest, das dir in den Sinn kommt. Denn genau darum geht es, um den Sinn, um die Intention. Warum tun wir, was wir tun, und zwar Tag für Tag? Warum treffen wir lieber immer wieder die gleichen Entscheidungen, als uns dem Neuen und Ungewissen zu öffnen? Warum trauen wir uns nicht, uns uns selbst zu stellen? Warum haben wir eine solche verborgene Angst davor, diesem wundervollen, wahren Selbst in die Augen zu blicken? Warum schrecken wir vor der Antwort auf die Frage, was unsere Seelenaufgabe ist, wegen der wir hier sind, zurück?

Als ich ein kleines Mädchen war, stand ich vor dem Spiegel im Schlafzimmer meiner Eltern und stellte mir die Frage, warum ausgerechnet ich auf dieser Welt bin. Was sollte ich auf der Welt? Was ist meine Aufgabe? Warum ausgerechnet ich?
Vielleicht sollten wir nicht nach dem Warum fragen, sondern vielmehr nach dem Was? Was ist meine Seelenaufgabe? Was muss ich tun, um mein wahres Selbst zu entdecken, das diese Aufgabe wohlbehütet? Der Schlüssel liegt in der Erkenntnis und darin, diese zu akzeptieren: Frage nicht nach dem Warum, sondern nach dem Was. Frage dich auch nicht nach dem Wie, das geschieht von ganz alleine. Das Warum hält unseren Verstand auf Trapp und lenkt uns geschickt von den viel wesentlicheren Fragen ab: Wer bin ich und was ist meine Aufgabe? Aktiv zu werden, kostet Überwindung. Es erfordert, unsere Bequemlichkeit und vor allem unsere Angst zu überwinden. Unsere Angst vor dem wahren Selbst, das wir unser Leben lang umgeformt haben, um besser in die vorgegebenen Schubladen zu passen.

Was muss ich tun, um meinen *Ballast* loszuwerden? Was muss ich tun, um meinem *wahren Selbst* Ausdruck verleihen zu können? Was muss ich tun, um *ein erfülltes und glückliches Leben* zu führen, so wie ich es mir wünsche?

Dieses Buch ist genau dann entstanden, als ich anfing, nach dem Was zu suchen. Was muss ich tun, damit ich den Schmerz loswerde? Was muss ich tun, damit sich mein Leben wieder leichter anfühlt? Was braucht es von mir, damit ich das tun kann, was mich erfüllt? Und nachdem ich mir diese Fragen gestellt habe, wurde mir das Was schneller bewusst, als ich es erwartet hatte. Es gab unzählige Momente, in denen ich mir gewünscht hätte, eine Anleitung an die Hand zu bekommen. Und auch wenn es keine Bedienungsanleitung für das Leben gibt, gibt es doch wegweisende Inspirationen, wie du deinen Weg gehen kannst. Um Antworten zu finden, hilft dir das Was. Es offenbart dir, WAS dahintersteckt.

Dieses Buch ist selbst auf einer Reise entstanden. Auf meiner Reise. Meine Vergangenheit überschattete die Gegenwart: zu viele Emotionen, zu viele ungelöste Themen, zu viele offene Wunden, zu viel Ballast alter Erinnerungen, zu viele ungelöste Glaubenssätze und Verhaltensweisen. Die Liste war endlos und der Berg schien unbezwingbar. Kein Platz für die Fülle des Lebens, obwohl ich mich so leer fühlte. Keine Kraft den Berg zu bezwingen, keine klare Sicht, um die Fülle zu erkennen und keinen Antrieb, um voranzukommen. Bis ich aus dem Nichts erwachte, all meinen Mut und all meine restliche Kraft zusammennahm und einen Entschluss fasste: Ich darf meinen emotionalen Ballast nicht an unser Kind (bzw. heute sage ich, an unsere Kinder) weitergeben. Es soll nicht mit dem Schmerz meiner Vergangenheit leben müssen. Vielmehr soll es die bestmögliche Version von mir selbst als Mama haben dürfen. Und so begann meine Reise. Meine Reise zu meinem wahren Selbst und zu meiner Seelenaufgabe. Ich habe tatsächlich meine Aufgabe im Leben gefunden, habe mir selbst eine Anleitung geschrieben, voranzukommen, Hindernisse zu überwinden, um mich mir selbst nähern zu können. Und wenn ich es geschafft habe, mich selbst und meine Seelenaufgabe zu finden, wirst du das ebenfalls schaffen. Davon bin ich überzeugt. Ich wünsche dir viel Kraft und Durchhaltevermögen auf deiner Reise, pure Freude beim Kennenlernen deines wahren Selbst und brennende Leidenschaft beim Finden und Leben deiner Seelenaufgabe. Und jetzt geh einfach drauf los!

◆ From Heart To Toe

Das Leben ist keine Einbahnstraße. Es gibt nie nur einen Weg. Das Leben besteht aus Umwegen, Abzweigungen und Neuorientierungen. Wenn du denkst, du bist am Ziel angekommen, geht die Reise doch noch weiter. Doch jede Reise beginnt in unserem Herzen, das uns durch die Multidimensionalität des Lebens führt.

Alles in deinem Leben beginnt mit dir und mit dem, was du in deinem Herzen trägst – Schönes und Schmerzhaftes, mit deinem größten Herzenswunsch und deiner wahrhaftigsten Sehnsucht.

Das Leben, das du jetzt führst, entspringt aus deinem Herzen mit allen Wegen, Abzweigungen und Umwegen. Sobald du dir nur über die Richtung bewusst bist, wird dich dein Herz führen. Das Herz ist die Schaltzentrale, die über Freude und Leid entscheidet. Es stellt die Verbindung zwischen der emotionalen und der körperlichen Ebene dar. Es verbindet unsere innere mit der äußeren Welt. Sein Herz zu öffnen, bedeutet, Liebe in sein Leben einzuladen. Und wer Liebe in seinem Leben empfängt, den begleitet die Liebe auch auf seiner Reise. Was in Liebe entsteht, währt ewig. Öffnest du dich dem Leben, das aus deinem Herzen entspringt, begegnest du deinem wahren Selbst. Begegnest du deinem wahren Selbst in Liebe, offenbart es dir deine Seelenaufgabe und füllst diese wiederum mit Liebe, hast du den Sinn deines Lebens gefunden.

Die Füße bilden nicht nur das Fundament in unserem Leben, sie ermöglichen es uns, unseren Weg überhaupt erst bestreiten zu können. Sie tragen uns durch unser Leben. Sie bringen uns Schritt für Schritt voran, bis wir dort angekommen sind, wo wir hin wollen und sein sollen. Sie erden uns und sind unsere Verbindung zur Erde. Durch sie können wir Kraft aus der Natur für unsere Reise schöpfen und an Mutter Natur abgeben, was uns schwächt.

From Heart To Toe stellt die Mehrdimensionalität des Lebens dar, verbindet, was zusammen besser wirken kann, und nährt, was wachsen darf. From Heart To Toe ist für mich mein persönlicher Weg, mein spiritueller Werdegang, der mich von der physischen Yogapraxis, über die mentale Ebene der Meditation in die energetische Welt geführt hat. Mein Yoga sollte die Menschen im Herzen erreichen, sie berühren und ihnen die Kraft geben, ihren Weg zu gehen. Es sollte von Herz bis Fuß wirken und Gesundheit und Wohlbefinden auf allen Ebenen ausbreiten. Das war meine ursprüngliche Intention, als ich den Namen für meine Yogaseite auf Instagram wählte. Der Grund, weshalb ich mich für den gleichen Namen für dieses Buch entschied, ist, dass dieses Buch aus der Tiefe meines Herzens und mit all meinem Herzen entstanden ist. Dieses Buch wäre ohne meine Reise durch die verschiedenen Dimensionen gar nicht entstanden. Und diese Reise wünsche ich mir auch für dich. Dieses Buch war und ist mein Herzenswunsch, mein Herzensprojekt und mein Herzensgeschenk. Ich möchte dich in deinem Herzen berühren und dich von Herz bis Fuß dazu bewegen, die Magie dieses Buches zu spüren. Ich möchte dich von Herz bis Fuß auf deiner Reise begleiten und dich inspirieren, von Herz bis Fuß zu leben, all dein Herz in dein Leben zu investieren und vor keinem Schritt zurück zu schrecken. Höre auf dein Herz und lass dir von ihm den Weg weisen und deine Füße werden wissen, wohin der nächste Schritt geht. Schenke deinem Herzen ein Lächeln und wage den ersten Schritt. Dann wird deine Reise beginnen.

Wie alles begann

Als kleine Schwester erblickte ich das Licht der Welt. Ich war wohl ein unkompliziertes und zufriedenes Baby, Kleinkind und auch Kind. Doch im Laufe der Zeit legten sich Schicht für Schicht die vielen äußeren Einflüsse auf mein wahres Inneres. Das waren über die Jahre hinweg so viele, dass ich die Verbindung zu mir selbst völlig verloren hatte und mich von da an nur noch auf Autopilot geschaltet in der äußeren Welt aufhielt.

Ich bin nicht die geborene „XY" und befand mich daher mein Leben lang im Ausschlussverfahren auf der Suche nach meinem „Großen Talent". Ich probierte alles aus. Dazu zählten sämtliche Sportarten von Tischtennis über Judo bis zur Garde, es ging weiter mit Schlagzeugspielen, Singen im Chor und Töpfern, einfach alles. Ich war noch nie eine gute Künstlerin, obwohl ich schon immer sehr kreativ war. Ich mache gerne Sport, obwohl ich noch nie unbedingt die sportlichste war. Ich bin keine Supertalent-Kandidatin oder kann etwas, das Unterhaltung bietet. Und dennoch spüre ich mein Leben lang, dass etwas Großes in mir liegt.

Um diesem Großen näherzukommen, lebte ich bisher ein ganz gewöhnliches Leben. Es gab, wie bei uns allen, einschneidende Erlebnisse, manche einschneidender als andere, manche traumatisierender als andere. Aber darum wird es hier nicht im Detail gehen. Denn ich möchte dir einen Teil meiner Geschichte erzählen, ohne sie zu erzählen. Es soll hierbei gar nicht darum gehen, dass du dich mit meinem Trauma identifizieren kannst, viel mehr sollen dir meine Learnings und Erkenntnisse zeigen, wie du dich von all den Schichten lösen kannst.

Und obwohl wir alle denken, ein ganz gewöhnliches Leben zu führen, sind wir alle auf der Suche. Wir suchen in Aus- und Weiterbildungen, in Beziehungen, in Jobs, in unserer Vergangenheit. Doch was suchen wir eigentlich? Ist uns überhaupt bewusst, dass wir auf der Suche sind? Oder nehmen wir immer alles hin, weil es als „normal" bezeichnet wird und geben uns damit zufrieden? Doch irgendwie fehlt trotzdem immer was, oder? Daher machen wir uns überhaupt erst auf die Suche nach etwas Größerem, nach dem, was uns im Außen als etwas Besonderes erscheinen lässt – auch wenn es eine Kopie der Kopie darstellt. Weil sich die Kopie der Kopie leichter darstellen lässt, als sein wahres Selbst zu suchen. Doch genau das Gegenteil ist der Fall, wir alle haben unsere ganz individuelle Aufgabe, die unser Leben zu etwas ganz Besonderem macht. Kennst du den Wunsch, mehr sein zu wollen als das, was du bist? Vielleicht ist das nichts anderes als der Ruf, deine Reise anzutreten, verpackt auf der Suche im Außen.

Meine Reise begann mit dem Entschluss, die Verantwortung für mein Leben selbst in die Hand zu nehmen und Frieden mit meiner Vergangenheit zu schließen. All der Ballast sollte nun endlich weichen, ich wollte Platz für Neues, Platz für Großes, Platz für meine Aufgabe und letzten Endes auch Platz für mich. Ich war bereit, meinen Platz in dieser Welt zu finden und etwas zu bewirken. Meinen Platz mit meinen Idealen und meinem Wirken. Doch ich hatte keine Ahnung, wo mich das hinführen sollte. Denn in erster Linie wünschte ich mir, zu heilen.

Mit dem Fassen dieses Entschlusses begann eine lange Phase des Reflektierens. Ich hinterfragte alles. Es gab nichts, was ich mir nicht durch meinen Kopf gehen ließ und was ich nicht gedanklich auseinander nahm. Ich arbeitete mich vom Groben ins Feine und wieder zurück, einmal querbeet durch mein Leben inklusive aller Höhen und Tiefen, Menschen, Emotionen und Erinnerungen. Doch es kam mir nicht so vor, als würde ich wirklich vorwärts kommen, denn immer wieder führten mich meine Gedanken zu denselben Themen. Ich verstand nicht, was notwendig war, um endlich einen Schritt voranzukommen und den Ballast endlich loszuwerden. Was verlangte das Leben gerade von mir? Wieso wird der Ballast nicht weniger und aus welchem Grund komme ich nicht weiter?

Irgendwann begriff ich, dass, wenn dich bereits etwas an der Oberfläche blockiert, du nicht die Möglichkeit hast, tiefer in dein Bewusstsein einzudringen. Daher musste ich mich zuerst all dem stellen, was mich blockierte, um tiefer in mein Bewusstsein vorzudringen. Alleine der Gedanke, ein normales Leben geführt zu haben, hat mich bereits blockiert, weiter graben zu können. Denn wieso bewertete ich mein Leben als normal? Den Ruf nach etwas Größeren wahrzunehmen, ist etwas Wertvolles. Ich konnte ihn hören, doch hielt ihn, so wie mich selbst, klein. Ich wollte es nicht einsehen und versuchte es auch nicht zu verstehen. Ich unterdrückte es, den Ruf hören zu können. Und hielt mich am ununterbrochenen Reflektieren und dem Gedanken-Wirrwarr fest. Das gab mir Sicherheit, Schutz vor dem Größeren. Ich hatte schlicht und einfach Angst vor dem, was mich dann erwarten würde und blieb an der Oberfläche. Irgendwann wurde der Ruf zu laut, um ihn zu ignorieren. Das Universum schickte mir Zeichen in Dauerschleife, brachte mich in Situationen, die ich nicht hätte meiden können und ließ die Stimme immer lauter werden, bis ich sie nicht mehr ignorieren konnte: Ich konnte nicht mehr und mein Wunsch nach Heilung und Erlösung war so groß geworden, dass selbst ich es nicht ignorieren konnte – meine Reise sollte nun endlich losgehen.

Sicherlich verstehst du, wovon ich spreche, daher möchte ich dir gerne zu Beginn deiner Reise sagen: Es braucht gar nicht dieses EINE Talent und du musst dir auch keine Gabe antrainieren, um besonders zu sein. Befreie dich von dem Gedanken, außergewöhnlich sein zu müssen, um Außergewöhnliches in dein Leben zu ziehen. Du musst nicht perfekt sein, um perfekt zu sein, und genauso wenig musst du außergewöhnlich sein, um außergewöhnlich zu sein. Und noch weniger musst du außergewöhnlich sein, um dem Ruf deiner inneren Stimme zu folgen. Denn wer definiert, was außergewöhnlich ist? Oder perfekt? Ist das beides wirklich so erstrebenswert? Und was sollen wir nun eigentlich sein? Sollen wir normal sein oder doch perfekt? Lieber außergewöhnlich oder ist es besser, gewöhnlich zu sein, um nicht aufzufallen? Sollen wir in die vorgefertigten Rollen mit den bereits beschriebenen Etiketten passen oder nicht? Was genau ist die unausgesprochene Erwartungshaltung, die uns fälschlicherweise auf dem Weg mitgegeben wird? Dass nur Menschen mit großen Geschichten Großes bewirken können? Das stimmt nicht, wir alle können Großes bewirken. Das Große, das wir bewirken können, bewirken wir automatisch, indem wir aufhören, in Etiketten und Rollen zu denken und uns davon befreien, um erkennen zu können, dass jede:r von uns ein Wunder ist. Dass wir uns selbst und unsere Aufgabe finden und sie ausleben, egal, wie diese Aufgabe aussieht und was sie beinhaltet, liegt ganz individuell bei dir und deiner Bestimmung.

Mein Weg war noch nie der klassische. Ich wählte intuitiv selten die einfachste Lösung und habe nie etwas auf dem Silbertablett serviert bekommen. Letztendlich traf ich schon immer mutige Entscheidungen und kam daher meinen Zielen näher. Das war aber nicht der vermeintlich leichtere Weg. Dass das nach außen hin leichter aussah, sollte damals wie heute Inspiration schaffen, nicht Spaltung. Es erfordert viel Mühe, es leicht aussehen zu lassen, und es ist definitiv nicht immer einfach. Sobald du dich deinem Selbst zuwendest, wird der Ruf lauter und dein Mut wächst.

Wir sind alle aus einem besonderen Grund hier und wir alle haben unsere Aufgabe, für die wir hier sind. Ohne uns alle wäre die Ordnung und die Struktur eine andere, alles ist demnach genau so, wie es ist, richtig.

Unser wahres Selbst zu finden und dessen Aufgabe nachzugehen, wird dein Leben mit Sinn erfüllen. Vielleicht bist du an einem Punkt in deinem Leben, an dem du zwar denkst, dass der Zeitpunkt gekommen ist, dir die essentiellen Fragen des Lebens zu stellen, doch das Universum hat ein anderes Timing für dich vorgesehen. Sollte das der Fall sein, dann wirst du meine Ansicht vielleicht noch nicht nachfühlen oder teilen können. Aber irgendwann wird der Zeitpunkt kommen, dann fällt dir wieder ein, dass du meine Zeilen hier gelesen hast und du wirst darüber nachdenken, bewusst oder unbewusst, und dann ist auch der Zeitpunkt gekommen, dich zu fragen, was deine Aufgabe hier in dieser Welt ist.

Ich habe mich getraut, mir die großen *essentiellen Fragen* des Lebens zu stellen, was ist mit dir? Trittst du die *Reise* zu deinem *wahren Selbst* an? Stellst du dich der großen Frage nach der *Aufgabe deines Lebens?* Du trägst die *Antworten* bereits in dir. Findest du sie, findest du dein *wahres Selbst.*

Wie ich mein wahres Selbst gefunden habe

Wenn ich daran denke, wer ich einmal war und wer ich heute bin, könntest du dir keine unterschiedlicheren Versionen vorstellen. Als Kind, als Teenager, als junge Erwachsene und als Frau. Vor dir stehen vier verschiedene Versionen, eine unterschiedlicher als die andere und im tiefsten Inneren ein und dieselbe: ein Wesen, voller Freude und Licht, voller Anmut und Sanftheit, voller Leichtigkeit und Bestimmtheit. Ein Wesen, dessen Kern stark, liebevoll und wunderschön ist. Ein Wesen, das mutig und tapfer ist. Ein Wesen, das eine Gabe in die Wiege gelegt bekommen hat. Eine Gabe, die wir alle haben: nämlich Mensch zu sein. Ein Mensch zu sein, menschlich zu sein, bedeutet, verschiedene Versionen entstehen zu lassen. Es bedeutet nicht, so zu bleiben, wie man immer schon war oder gerade ist. Es bedeutet, sich weiterzuentwickeln, zu wachsen, sich zu entfalten. Und auf diese Reise nehme ich dich mit. Ich nehme dich mit, durch alle vier Versionen meines Selbsts, zu meinem Kern und zu meinem Wesen. Ich werde dir meine Geschichte erzählen, ohne meine Geschichte zu erzählen. Du darfst eintauchen in die Versionen, die ich war, um die Version kennenzulernen, die ich heute bin: eine Frau, geheilt, rein und mit einer Gabe. Eine Gabe, die durch meine Hände fließt, die in meinen Augen zu sehen ist und meinen Kern von innen heraus zum Leuchten bringt. Eine Gabe, die natürlicher nicht sein könnte: das Menschsein.

Willkommen in meinem Leben.
Mein Name ist Alisa und hier bin ich. Hier bin ich, um dich an die Hand zu nehmen und um dir zu zeigen, dass du mit jeder Version von dir Frieden schließen kannst. Um dir zu zeigen, dass es möglich ist, Heilung zu erfahren, um dich dabei zu unterstützen, an deinen wunderschönen und einzigartigen Kern vorzudringen. Ich bin hier, um all meine Erfahrungen, all meine Learnings und all meine Liebe mit dir zu teilen. Um dich zu inspirieren, einen spirituellen Weg für deine persönliche Weiterentwicklung einzuschlagen, ohne dabei in einer pseudo-spirituellen Bubble gefangen zu sein.

Ich bin hier, um dir zu zeigen, wie du inneren Frieden findest, wie du Heilung erfahren kannst und wie du deinen Kern zum Leuchten bringst. Ich lade dich ein, offen und wertfrei meiner Geschichte zu lauschen und sie als Inspiration wahrzunehmen. Ich lade dich ein, meine Anleitung als Stütze zu sehen und nicht als der Weisheit letzter Schluss. Ich lade dich ein, zu reflektieren und die Meditationen als heilsames Hilfsmittel zu betrachten. Ich lade dich ein, dir deine eigene Geschichte bewusst zu machen.

Alles begann mit einem Entschluss:

> Mit dem Entschluss, meinen emotionalen Ballast der Vergangenheit loszuwerden. Ich wollte heilen, ich wollte ganz sein, ich wollte finden, was mir noch immer fehlte. Dieser Entschluss sollte mich zur bestmöglichen Version von mir führen und das tat er auch.

Ich traf mein wahres Selbst, mein authentisches Ich und fand meine Seelenaufgabe. Mit dem Entschluss kam einiges an Schmerz, Frust, Wut und Angst hoch, doch ich stellte mich mutig all dem, was da war, um freier und leichter zu werden. Was ich dabei fand, war ein verloren gegangener Herzenswunsch. Ein Herzenswunsch, den ich nie richtig wahrnahm, doch der wahrscheinlich schon immer als Antrieb in meinem Unterbewusstsein vorhanden war.

Nach diesem Entschluss folgte ein gewaltiger Tiefpunkt in meinem Leben: Ich war fertig, müde, erschöpft und ausgelaugt. Ich verkraftete nicht, was dieser Entschluss alles an die Oberfläche brachte. Ich suchte nach Unterstützung und fand Halt im Schreiben. An einem Abend im September 2021 schaute ich auf eine leere Seite und schrieb einfach drauf los. Meine Finger fingen an, über die Tastatur zu gleiten und Wort für Wort füllte sich dieses Buch. Dieses Buch ist mein Herzensprojekt, mein Herzenswunsch. Ohne zu erahnen, wo es mich hinführen würde, bin ich bewusst eine Reise angetreten – die Reise zu meinem wahren Selbst. Durch diese Reise habe ich mich selbst gefunden, alle Schichten bin ich durchdrungen und viele Wunden habe ich geschlossen. Mit jedem Wort fand ich mehr Heilung. Je mehr Heilung ich gefunden hatte, desto tiefer durfte ich vordringen. Es war wie ein Videospiel aus den frühen 2000ern: Ein nächstes Level war erreicht.

Los geht's.
1992 geboren und aufgewachsen in Deutschland. Ein Kind der 90er. Ein Kind, das noch gelernt hat, Papier und Stift in die Hand zu nehmen. Ein Kind, das sich für 15 Uhr verabredet hat und dann einfach um 15 Uhr da war. Ich bin in einer Zeit groß geworden, die ich liebevoll als Schnittstelle zwischen zwei Welten bezeichne. Mit der Jahrtausendwende kam ein absoluter Wendepunkt, der eine große Rolle

für die Entwicklung meiner Generation spielt. Ich war noch eines der Kinder, das auf der Straße gespielt hat, und zwar stundenlang. Ich war eines der Kinder, das vor der Garage einen Flohmarkt organisierte. Ich war eines der Kinder, dem es ausreichte, jeden Tag der Sommerferien ins selbe Schwimmbad zu gehen. Ich bin in einer Zeit aufgewachsen, in der wir zufrieden waren mit dem, was da war. Wir wollten nicht immer mehr, nicht immer weiter. Ich kenne noch Grenzen. Ich kenne es noch, dass es „nur" ein großes Geschenk zu Weihnachten mit ein paar Kleinigkeiten gab. Es gab noch nicht alles im Überfluss. Es gab noch ein Limit. Auch wenn wir Quatsch machten, waren wir nie wirklichen Gefahren ausgesetzt. Es war gefühlt eine heilere Welt, in der ich aufwuchs. Es gab Vertrauen, Freiheit und Lebensfreude. Natürlich gab es auch Schattenseiten und nicht alles war perfekt. Doch im Großen und Ganzen bin ich als ein Kind aufgewachsen, für das die Welt noch nicht aus Smartphones, TikTok-Videos und dem Berufswunsch, YouTuber zu werden, bestand. Ich bin mit Werten aufgewachsen, inneren Werten. Und ich wurde erzogen, diese Werte integer zu leben. Höflichkeit, Manieren und innere Werte hatten noch Priorität. Natürlich ging es auch schon damals bei manch einem um dicke Autos, Traumurlaube und Markenklamotten. Und diese Seiten wurden immer ausgeprägter und haben immer mehr Gewichtung angenommen. Doch das Fundament meiner Erziehung basiert auf einem ganz anderen als heute. Und das weiß ich, weil ich selbst Mama bin. Ich bin Mama und habe selbst die wundervolle Aufgabe der Kindererziehung erhalten. Und wegen dieser wundervollen Aufgabe sitze ich überhaupt erst hier und schreibe diese Zeilen für dich:

> Mit dem Mamawerden fasste ich nämlich den Entschluss, all meinen emotionalen Ballast loszuwerden. Ich wollte so frei sein, so frei wie ich es mir wünschte, als Mama für unser Kind sein zu können.

Jetzt fragst du dich vielleicht, wie ich emotionalen Ballast haben konnte, wenn ich eine doch so schöne Kindheit hatte. Meine Antwort darauf lautet, dass wir alle emotionalen Ballast haben. Kein Mensch dieser Welt trägt kein Päckchen auf seinen Schultern.

Kein Mensch dieser
Welt ist frei von
emotionalem Ballast
seiner Vergangenheit.
Die Frage lautet viel eher,
wann und wie legen wir
diese *Päckchen* ab und
stellen uns deren Inhalt?

Ich habe angefangen, mich meinem Inhalt zu stellen, als ich Mama wurde. Ich war am Tiefpunkt: kraftlos, ratlos, aussichtslos. Ich spürte, wie der emotionale Ballast, der in meinem Unterbewusstsein wie in Umzugskartons im Keller schlummerte, immer lauter an die Kellertür klopfte. Und als ich diese Tür öffnete, überfluteten mich die Erinnerungen, Emotionen und Muster auf einmal. Ich habe mir zu viel zugemutet und musste einen Schlussstrich ziehen:

> All dieser Ballast sollte der Vergangenheit angehören und hatte nichts mehr in meiner Gegenwart zu suchen. Also machte ich mich ans Ausmisten, Sortieren, Aufräumen und Loslassen. Der Umzug meines Selbsts hat begonnen: Eine neue Version stand vor der Tür und wollte in ein renoviertes, sauberes Zuhause einziehen.

Tief vergraben in all den Kisten wollte ich mein wahres Selbst finden. Ich wollte alles, was mir nicht länger dienlich war, was mir nicht mehr nutzte, nicht weiter aufzubewahren und hinter allen Kisten, hinter denen ich mich versteckte, loswerden. Wo steckt sie nur, die wahre Alisa? Oder ist es die wahre Alisi? Alisa Füssel? Oder Alisa Claire Bastian? Wo ist sie? Und wer ist sie? Wem sollte ich auf dieser Reise begegnen? Was würde mich dabei erwarten? Und wo sollte mich diese Reise überhaupt hinführen?

Die Reise beginnt:
Ich öffne Version 1 für dich – die kleine Alisi.
   In meinem Abibuch schrieb jemand über mich „Hihihi, ich bin die kleine Alisi". Und weißt du, was, heute schaue ich auf diese Version von mir zurück und denke mir: „Wow, was sie alles geschafft hat!"

Ich bin das jüngere Geschwisterkind und wurde immer vor allem zu beschützen versucht. Vieles wurde vor mir verheimlicht, um mich nicht zu verletzen, und einiges wurde liebevoll verpackt, sodass es mich nicht ganz so hart trifft. Doch das Leben meinte es anders mit mir und daher traf es mich jedes Mal doppelt so hart, wenn ich mit der Realität konfrontiert wurde. Ein Teil von mir spürte bereits damals, wenn etwas nicht stimmte. Dieses Gefühl lag so tief in meinem Inneren verborgen, dass ich nicht einfach darauf zugreifen konnte. Jedes Mal, wenn mich jemand versuchte zu beschützen, hatte ich ein völlig falsches Bild der Realität entwickelt und hielt mich mehr zurück, als ich eigentlich wollte. Ich spürte etwas anderes, doch dieses Gefühl war mir einfach nicht bewusst. Ich konnte es nicht zuordnen oder greifbar machen. Häufig äußerte es sich in „unüberlegten Kommentaren". Das war eine meiner Verhaltensweisen, dass ich aus dem Nichts einen Kommentar machte, der teilweise fies, teilweise spitz, aber immer offensichtlich wahr (zumindest in meiner Wahrnehmung) und zutreffend war. Irgendwann ging dieser Teil von mir verloren. Aufgrund der Reaktionen, die ich in solchen Momenten entgegengebracht bekam, hielt ich immer öfter zurück. Ich spürte das, was in den Menschen um mich herum verborgen in deren Unterbewusstsein lag und formulierte es so, dass sie es verstanden. Allerdings verletzte es sie, was auch verständlich ist, weil ich damit nicht nur einen wunden Punkt getriggert habe, sondern auch noch eine Schwachstelle offenlegte. Die Reaktionen ließen mich an meiner Wahrnehmung zweifeln. Ich zog meine Kommentare öfter zurück und flüchtete in die äußere Welt. Wo war denn die Alisi hin, die immer sagte, was sie dachte? An irgendeinem Punkt in meinem Leben musste ich es abgelegt haben und nur weil ich nicht mehr sagte, was ich dachte, dachten viele, noch eher bekäme ich nicht mit, was um mich herum passierte. Einige dachten dadurch auch, sie könnten mich als Projektionsfläche nutzen. Alles, was ich spürte, war schon immer mehr, als vielen, einschließlich mir selbst, bewusst war. Und das erdrückte mich. Es drückte mich körperlich in eine Schutzhaltung, eine Haltung, die ich nie einnehmen wollte und die mich kleiner erscheinen ließ, als ich es sein wollte. Diese Haltung wurde zu meinem größten körperlichen Schwachpunkt, der für viele gleichzeitig einen Angriffspunkt darstellte. Meine schlechte und geduckte Haltung war für mich ein Schutz, doch für andere war sie ein Zeichen von Schwäche. Ein Zeichen, das man mit mir machen konnte, was man wollte, weil ich mich sowieso nicht wehrte. Mein über die Jahre entstandener mangelnder Selbstwert hinderte mich damals daran, mich zu verteidigen. Ich gab der Wahrnehmung der anderen Recht, weil ich an meiner eigenen zweifelte. Ich konnte einfach nicht deuten und erklären, dass ich mehr spürte, als ich selbst verstand. Mir fehlte das Wissen und das Bewusstsein, um zu erkennen, dass ich etwas wahrnahm. Doch was spürte ich eigentlich? Ich spürte die Emotionen anderer. Meine energetischen Antennen waren und sind auch heute noch so fein und so empfänglich, dass sich jahrelang all das Empfangene irgendwo bei mir absetzte. Es erdrückte mich immer mehr. Und gleichzeitig wurde ich immer als ein schwaches Glied der Kette angesehen, weil ich „so sensibel" war. Was letztendlich dazu führte, dass viele Menschen ihre Themen auf mich projizierten. Die kleine Alisi wusste nicht mehr, was ihr Thema und was die Themen der anderen waren.

Mein Leben lang gab es da die kleine Alisi, die völlig unsicher, unzufrieden mit sich selbst und überfordert mit den unsichtbaren Empfindungen war. Die kleine Alisi war geprägt von Selbstzweifeln, Unwissenheit und Sturheit. Und gleichzeitig war sie frei, inspirierend und selbstbestimmt. Hin und hergerissen schwankte ich viel: Einerseits wusste ich, was ich wollte, andererseits konnte ich mich nicht entscheiden. Einerseits tat ich Dinge, weil ich sie immer so gemacht habe und andererseits sehnte ich mich nach Abwechslung. Einerseits wollte ich hinaus in die weite Welt, andererseits wollte ich es mir Zuhause gemütlich machen. Einerseits wollte ich Unterstützung, andererseits wollte ich keine Ratschläge annehmen. Einerseits wollte ich gesehen werden, andererseits wollte ich nicht zu viel Aufmerksamkeit bekommen. Wie ich mich Jahre später bei dem Wirrwarr selbst finden konnte, zeige ich dir gerne in diesem Buch.

Und dann wurde die kleine Alisi auf einmal selbstständig. Noch als Teenager zog ich mit 17 Jahren von zuhause aus. Ich war schon immer früher mit meiner Entwicklung gewesen, tat schon immer das, was auch meine fast 5 Jahre ältere Schwester tat und orientierte mich nur an Älteren. Aber dass ich so früh ausziehen werde, hätte ich selbst nicht gedacht.

Als ich mit der 10. Klasse fertig war, zogen wir in die Schweiz. Wie so oft habe ich mir im ersten Moment nicht viel dabei gedacht. Ich betrachtete es als willkommene Abwechslung zum öden Alltag. Ich sah die Möglichkeiten, die sich mir boten, mit 16 ein neues Leben anzufangen. Doch damals träumte ich noch meinen American Dream – ich wollte Leben wie Lauren Conrad von „The Hills": Ich wollte in der Mode arbeiten und die Fashion Industry revolutionieren. Und dann landete ich in der schönen Schweiz, was mir unzählige Chancen hätte bereiten können. Wieder traf mich die Realität doppelt so hart: Das deutsche Schulsystem mit seiner Massenabfertigung hatte seine Arbeit erfolgreich getan. In Deutschland war kein Platz für Individuen, also hoffte ich, mich in der Schweiz entfalten zu können. In der

Schweiz scheiterte ich allerdings bereits am viel strengeren Schulsystem. Also wurde ich fleißig, ich wollte mithalten, ich wollte auch endlich gute Noten haben – und dann blieb ich sitzen. Während ich das Schuljahr wiederholen musste, ging es in Deutschland ab. Viele meiner Freunde machten ihren Führerschein, gingen feiern, hatten Spaß am Leben. Während ich für ein weiteres Jahr die gleichen Arbeitsblätter nochmal ausfüllte. Ich langweilte mich. Wo war denn nur der Raum für meine freie Entfaltung? Wann konnte ich endlich ich sein? Ich gab mich nicht mit langweiligem Wiederholen zufrieden. Als ich 17 war, traf ich die Entscheidung, nach Deutschland zurückzugehen. Bis heute stehe ich immer noch ehrfürchtig vor dieser kleinen Alisi, die diese mutige Entscheidung getroffen hat. Sie verdient meinen ganzen Respekt. Und zum Glück machte ich mir im Vorfeld nie viele Gedanken über die wichtigsten Ereignisse in meinem Leben. Ich konnte unzählige Gedanken für Nichtigkeiten aufbringen, die mich vom Wesentlichen abhielten, doch wenn ich eine Entscheidung getroffen habe, konnte mich nichts mehr davon abhalten und glücklicherweise zog mich dieses Commitment nie in eine Gedankenspirale. Da stand ich also wieder in Deutschland, wieder auf dem Schulhof, auf dem ich so viele Jahre verbracht habe. Und es fühlte sich an wie eine neue Version. Die kleine Alisi war zurück in einem neuen Lebensabschnitt.

Als ich mit 17 nun alleine wohnte, war mir anfangs nicht bewusst, dass ich Müllbeutel und Spülmittel kaufen musste. Ich habe auch nicht daran gedacht, dass ich mich um meine Verpflegung selbst kümmern muss. Ich brachte keinen einzigen Gedanken im Vorfeld auf, mich zu fragen, wie das eigentlich alles klappen sollte. Ich packte meine Sachen, mein Papa fuhr mich nach Deutschland und ich war bereit für all die „coolen" Sachen, die man in diesem Alter eben tut:

Führerschein machen, feiern gehen, bis morgens die ganze Nacht irgendwo abhängen. Das war alles, an das ich dachte. Ich hatte keine Angst, ich hatte keine Sorgen. Ich hatte viele Partys und viele schlechte Klausuren. Dadurch, dass ich in der Schweiz das Jahr wiederholen musste, musste ich das Wiederholungsjahr in Deutschland zu Ende machen und konnte nicht in meinen alten Jahrgang zurück. Das störte mich weniger und stellte das geringere Übel für mich dar.

Finally 18! Aber immer noch ein Teen, machte ich meinen Führerschein und war nun noch freier und unabhängiger. Das Laufen hatte endlich ein Ende, ich konnte Fahren. Und so vergingen auch die 12. und die 13. Klasse mit vielen Partys, schlaflosen Nächten und dem „Erwachsenwerden". Bis ich mit 20 mein Abitur machen wollte. Mein American Dream wandelte sich in den Jahren zum Traum von Amsterdam. Ich wollte unbedingt Fashion Management in Amsterdam studieren. Machte einen Business English Kurs während des Abis, einen Toefl-Test und alles, was notwendig war, um in Amsterdam angenommen zu werden. Zu dem Zeitpunkt wurde diese Art Studiengang in Deutschland nur in München und Berlin angeboten. Und wie schon so oft in meinem Leben wollte ich nur das – ohne Kompromisse, ohne Wenn und Aber. Es musste Amsterdam sein. Es musste Fashion & Management sein.

Als ich zum Vorstellungsgespräch in Amsterdam eingeladen wurde, stand da wieder die kleine Alisi. Die kleine Alisi, die so viel Reife und Stärke erlangt hatte, war kleiner denn je. Ich hatte ein Blackout im Vorstellungsgespräch. Mit einem Mal kamen all die Selbstzweifel, all die Unsicherheit und all die Unwissenheit wieder hoch. Ich war nicht gefestigt, nicht stabil genug, um in so einer Welt bestehen zu können. Am Tag meiner letzten schriftlichen Abiklausur erhielt ich die Absage von Amsterdam. Meine Welt zerbrach und ich musste mir einen Plan B überlegen. Also entschied ich mich für ein Zwischenjahr. Ich wusste nämlich nicht mehr, ob ich überhaupt noch studieren wollte. Ich bewarb mich bei H&M und wollte dort für ein halbes Jahr jobben und mir währenddessen für das restliche Jahr ein Praktikum suchen. Tja, und dann zum krönenden Abschluss sollte ich die Realität mal wieder zu spüren bekommen – ich bin durchs Abi gefallen. Meine Welt brach zusammen. Kaum war das Ende der Schulzeit in Sicht, wollte ich nämlich wieder weg in große weite Welt und suchte einen Ort, an dem ich endlich meine nächste Version leben dürfte. Doch ohne Abitur keine weite Welt. Und da stand ich nun, es war ein Montagmorgen, und ich erhielt die Nachricht, dass ich mein Abitur nicht bestanden habe. Bereits mittwochs war mein erster Arbeitstag bei H&M. Hallo, neue Version! Darf ich vorstellen: Alisi, eine junge Erwachsene.

Da stand ich nun. Mit 20, ohne Abitur und das erste Mal am Arbeiten. Ich habe vorher nie gearbeitet. Vielleicht zwei-, dreimal gekellnert oder irgendwo ausgeholfen. Aber ich musste es nicht, also tat ich es auch nicht. Und wieder traf mich die Realität echt hart. Im Einzelhandel eines weltweiten Unternehmens anzufangen, ist definitiv nicht der Ort, der nach persönlicher Entfaltung ruft. Doch irgendwie nahm alles eine Wendung. Vielleicht, weil ich endlich angefangen habe, die Dinge nicht mehr zu erzwingen. Vielleicht, weil ich endlich angefangen habe, mich den Gegebenheiten anzupassen. Vielleicht, weil ich einfach ein Stück erwachsener wurde. Während des Jahres dort wurde mir durch meine Arbeitszeit mein Fachabitur anerkannt. Endlich war das Kapitel Schule beendet. Nach 14 Schuljahren inklusive einem Wiederholungsjahr, einem nicht bestandenen Abitur, unzähligen Tränen und vielen Enttäuschungen konnte ich endlich das Kapitel Schule abschließen. Ein neuer Abschnitt fing an und ich entschloss mich für eine Art Studium an einer Privatuni. Es war kein klassischer Bachelor-Studiengang, aber das war mir egal. Es war eine neue Chance und ein leichterer Weg. Es war realistisch. Endlich entschied ich mich für den einfacheren Weg. Ich hatte also doch etwas dazugelernt. Diese Art des Studiums und die Fächer machten mir unglaublich viel Spaß. Auf einmal war ich gut. Ich schrieb gute Noten, konnte kreativ sein und ich durfte Ich sein. Mein individuelles Ich hatte endlich einen Ort gefunden, an dem ich mich entfalten durfte. Ganz ohne Fernreise und Auswandern. Endlich konnte ich das Selbstbewusstsein auftanken, das mir die Schule über Jahre genommen hatte. Mein Studium war ein System, in das ich rein passte und zwar so wie ich war. Es war nicht eines, in dem ich in eine vorgefertigte Schublade gequetscht wurde. Alles begann leichter zu werden. Mein Aussehen veränderte sich, ich veränderte mich. Ich entwickelte mich weiter und das war ein unglaublich befreiendes Gefühl. Ich absolvierte Praktika in Deutschland und London, ich nahm verschiedene Jobs an und lernte viele Zweige des Marketings kennen. Ich wusste, in diesem Bereich möchte ich arbeiten. Ich absolvierte mein Studium mit einer sehr guten Note. Und mit diesem Abschluss zog eine weitere Version von mir in mein Leben ein: Mit einer riesigen Kiste schlug sie ihre Zelte auf. Da war er, mein Perfektionismus, und die Stimme, die mir sagte: „Das geht noch besser." Das Erste, was die Stimme zu mir sagte, war, dass es sich hier gar nicht um ein richtiges Studium handelt, sondern nur eine Art von Studium. Dann sagte mir die Stimme, die anderen Abschlusspräsentationen sind viel besser als deine. Als nächstes sagte mir die Stimme, du gehst ja schon wieder nicht ins Ausland und einen Master machst du auch nicht. Hallo, Selbstzweifel! Mit meiner persönlichen Entwicklung entwickelten sich auch meine Schattenthemen weiter und kamen immer deutlicher zum Vorschein. Doch auch zu diesem Zeitpunkt fehlten mir das Bewusstsein und die Einsicht, das zu realisieren. Noch immer überlagert von den schmerzhaften Erfahrungen, die ich in der Vergangenheit gemacht habe – und es waren deutlich mehr als die, die ich hier genannt habe – ob Mobbing, gestörtes Essverhalten, depressive Verstimmung. Ich habe so viel mehr erlebt als den meisten, die mich kennen, bewusst ist. Ich habe so viel mehr durchgestanden, als viele nur erahnen können. Und weißt du was? Darum geht es hier im Detail nicht. Ich möchte dir nicht meine Geschichte erzählen, um dir Vergleichspunkte zu liefern. Ich möchte dir meine Geschichte erzählen, um dich mit meinen Erfahrungen und Learnings zu inspirieren. Ich möchte dich ermutigen, deinen Weg zu gehen, bis du an dem Punkt angekommen bist, an dem du bereit bist, dein wahres Selbst zu treffen.

Und so machte ich meinen Abschluss und trat in die Arbeitswelt ein. Am Ende meiner Ausbildung arbeitete ich bei einer Mode PR Agentur. Diese Arbeit nahm ich dann Vollzeit an. Von dort wechselte ich zu einem Start-Up ins Influencer Marketing, nach nur zehn Monaten zog ich weiter, bis ich schließlich innerhalb von neun Jahren neun verschiedene Jobs hatte. Ich wollte erwachsen werden und entschied mich für eine solide Stelle im Marketing eines Versicherungsmaklers. Ich dachte, es sei das eine gute Wahl, um in der hier dominierenden Finanzbranche Fuß zu fassen. Und dann langweilte auch das mich schnell und auf einmal fand ich seit langer Zeit Freude in einem Hobby: Ich machte Yoga. Yoga tat mir gut. Es tat meinem Rücken und meiner Haltung gut. Es forderte mich heraus und brachte

Dinge zum Vorschein, die ich damals gar nicht verstanden hatte. Es triggerte viele Themen in mir, vor allem meine schlechte Haltung, und ich spürte zum ersten Mal, dass meine schlechte Haltung emotionale Ursachen hatte. Ich wollte mehr darüber erfahren und meldete mich zum Teacher Training an. Zuerst wollte ich es nur für mich machen, konnte mir gar nicht vorstellen, vorne zu stehen, Fremde anzufassen, um deren Haltung zu korrigieren. Und dann wurde ich schwanger.

Und hier ist sie: Alisi, Mama, Ehefrau, Marketing Managerin und Yogalehrerin, überfordert, ausgebrannt und am emotionalen Tiefpunkt angekommen. Das Teacher Training war wie die Büchse der Pandora, die ich öffnete. Je mehr ich mich mit meinem Körper und meiner Haltung beschäftigte, desto mehr emotionale Themen kamen zum Vorschein. Es überforderte mich maßlos. Es war so viel zu verarbeiten, dass ich kaum hinterher kam und das alles, während ich schwanger war. Mein Wunsch war es, das Teacher Training zu beenden und ich sagte immer, solange es mir gut geht, werde ich es weitermachen. Trotz der emotionalen Belastung sah ich immer das Positive, nämlich dass sich die Themen anfangen zu lösen. Und so absolvierte ich in der 36. Schwangerschaftswoche mein Teacher Training und wurde dann wenig später Mama.

Und mit dem *Mamawerden* fasste ich den Entschluss, meinen *emotionalen Ballast* nicht an unser *Kind* weiterzugeben und die *bestmögliche Version* meiner selbst zu werden.

Doch das war gar nicht so einfach. Auf einmal war da ein Menschlein, um das ich mich kümmern musste, das ich kennen und verstehen lernen musste. Ich hatte Freude am Yoga und begann zu unterrichten. Ich bekam ein neues Jobangebot und begann wieder zu arbeiten. Und dann waren da auf einmal die vielen Rollen, die erfüllt werden mussten, während ich doch eigentlich meinen emotionalen Keller ausmisten wollte. Und so kam es, dass mir alles zu viel wurde. Ich war ausgebrannt, kraftlos und ratlos. Ich war vergesslich, antriebslos, freudlos. Alles davon konnte ich mit einem Lächeln überdecken, doch auch das wurde immer schwerer aufrechtzuerhalten. Ich las Bücher, machte Yoga, reflektierte und suchte mir Hilfe. Ich lehnte die Hilfe wieder ab, weil schulmedizinische Hilfe nicht die Art von Hilfe war, die ich zu dieser Zeit wollte. Und dann kam die Meditation in mein Leben.

Mit dem Entschluss, meinen emotionalen Ballast loszuwerden und mich diesmal bewusst in die nächste Version zu entwickeln, öffnete mir das Leben eine Tür. Eine Tür zu meiner Seele. Heilung geschieht immer von innen heraus und das sollte ich erfahren. Mein Ziel war es, die bestmögliche Version von mir zu werden und daran arbeitete ich jeden Tag und das Leben unterstützte mich dabei. Und wahrscheinlich wird das auch so bleiben. Tag für Tag erhielt ich Support von ganz oben. Doch all das war mir, wie so oft, in den jeweiligen Momenten nicht bewusst, ich legte einfach los. Ich schnappte mir mein Meditationskissen, machte mir Musik an und ließ mich treiben. Ich ließ mich treiben in eine neue Welt – in mein Unterbewusstsein. Keine Fernreise und kein Auswandern waren erforderlich, um diese besondere Welt kennenzulernen. Das einzige, was erforderlich war, war Disziplin. Das kannte ich vorher nicht. Ich musste nie etwas tun, das ich nicht wollte. Daher konnte ich auch immer mit allem aufhören, wenn es schwer wurde.

Ich fand schon damals immer eine Lösung. Doch auch das wollte mir das Leben mit der harten Realität begreiflich machen. Disziplin kannst du lernen. Disziplin kann einfach sein. Trotz Disziplin kannst du aufhören, wann immer du möchtest. 40 Tage sollten es diesmal werden und 40 Tage wurden es. Ich meditierte 40 Tage lang jeden Morgen und war fest entschlossen, noch mehr Ballast loszuwerden. Ich wollte alle Schichten durchdringen. Ich wollte mit allen Versionen Frieden finden, um endlich voll und ganz die zu sein, die ich sein wollte. Ich wollte zu einer kraftvollen, vitalen und fröhlichen Version werden. Und das wurde ich auch in diesen 40 Tagen. Wie ich das gemacht habe und was dafür notwendig war, erzähle ich dir in den folgenden Kapiteln.

❖ Deine Anleitung, dein wahres Selbst zu finden

Während ich das hier schreibe, gibt es im großen, weiten Feld da draußen schon viele weitere Versionen von mir. Und doch kann ich sagen, dass ich mich gefunden habe. Das Absurde ist, dass ich schon immer wusste, wer ich bin. Dass unter der Oberfläche schon immer ein Teil meines authentischen Selbst sich den Weg an die Oberfläche gekämpft hat und zum Vorschein kommen wollte. Doch all die Schichten, die darüber lagen, haben meine Essenz verdeckt und versteckt. Mein Selbst konnte immer nur teilweise oder stückweise hindurch strahlen. Mit meinem Entschluss, meinen Ballast loszuwerden, habe ich mich verletzlich gezeigt, aber auch mutig. Ich habe mich mutig meinen Verletzungen der Vergangenheit gestellt. Und wie der Sufi-Mystiker und Dichter Rumi so schön sagte: „Die Wunde ist der Ort, wo das Licht in dich eintritt."

Indem ich mich intensiv in meine Verletzungen hineingefühlt, mich verletzlich gezeigt und allem, was hochkam, gestellt habe, habe ich mich selbst zu meinem Wesenskern leiten können. Je mehr Licht ich hineingelassen habe, desto mehr wurde ich geführt. Licht ist Energie. Energie ist Heilung. Mit jeder Wunde, die ich erneut öffnete, konnte mich das Licht, das durch die Wunden hindurch trat, heilen. Mit jeder Wunde, die ich erneut öffnete, wurde ich heiler. Mit jeder Wunde, die ich erneut öffnete, wurde ich wieder zu Licht. Und dieses Licht ist es, was auch du in dir hervorholen kannst. Unser Wesenskern leuchtet. Er leuchtet durch all die Wunden, all die Schichten hindurch. Wir müssen es nur zulassen. Wir müssen uns verletzlich zeigen. In einer Selbstoptimierungsgesellschaft kann das ein sehr schmaler Grat sein. Daher möchte ich versuchen, dich zu leiten. Ich möchte dich von meinem Licht zu deinem Licht bringen. Ganz ohne meine Wunden darzulegen, damit du dich nicht mit meinen Wunden und meinem Ballast identifizierst und diese zustimmungsfähig werden lässt, sondern einfach mit der Art und Weise, wie ich mit meinen Wunden und meinem Ballast umgegangen bin. Und möglicherweise ist das ein Vorgehen, das auch für dich gut passt.

> **Hier ist meine Anleitung für dich:**
> Wer du bist, erfährst du, wenn du weißt, wer du nicht bist. Wenn du vergisst, wer du bist, kannst du einfach sein. Doch wenn du daran festhältst, wer du bist, kannst du nicht sein, dein wahres authentisches Wesen kann dann nicht sein. Was du dann nämlich bist, bist nicht du, sondern du bist das, was die anderen sind. Befreie dich von den Versionen, die du nicht bist, und du kannst endlich du sein und dein wahres Selbst zum Vorschein bringen.

Wer du bist, erfährst du,
wenn du weißt,
wer du *nicht* bist.
Bist du bereit, dich von all
dem *zu befreien*, was du
nicht bist?

Hier ist *deine Anleitung*,
dein wahres Selbst
wiederzufinden.

❖ Öffne dein Herz

Was bedeutet es, sein Herz zu öffnen? Was steckt dahinter? Sein Herz zu öffnen bedeutet, alle Widerstände loszulassen, den inneren Kampf nicht mehr zu führen und frei und unvoreingenommen man selbst zu sein. Es bedeutet, sich seiner Aufgabe anzunehmen und sich dieser bedingungslos hinzugeben. Ohne Zweifel, Ängste oder Sorgen zuzulassen. Es bedeutet, Tag für Tag an sich zu arbeiten und sich immer wieder in stressigen Situationen oder schweren Zeiten daran zu erinnern, warum man sein Herz geöffnet hat und warum man alles daran setzen sollte, es nicht wieder zu verschließen. Es bedeutet, seine Einstellungen und Werte zu überdenken, diese gegebenenfalls zu ändern. Es bedeutet, Freude im Leben zu haben, Mitgefühl zu zeigen, Geduld aufzubringen und sich völlig fallen zu lassen.

Sein Herz zu öffnen, ist ein Prozess. Ein Prozess, den du als ersten Punkt deiner Reise anstoßen darfst. Es kann so viel einfacher für dich sein, wenn du deine Reise mit einem offenen Herzen beginnst. Wenn du gleich zu Beginn deine Einstellungen und Werte überdenkst, dein Ziel klar definierst und dich vertrauensvoll dem Ungewissen öffnest, wird deine Reise zwar nicht weniger Herausforderungen mit sich bringen, aber du wirst diese viel leichter meistern können. Mit einem offenen Herzen wird es dir nämlich leichter fallen, Veränderungen anzunehmen und du wirst präsenter im Hier und Jetzt leben können.

Ich muss dir ganz ehrlich sagen: Mein Herz zu öffnen war für mich der letzte Punkt auf meiner Reise. Ich hatte bis zuletzt eine kleine Tür, einen Notausgang in meinem Herzen, sozusagen fest verschlossen gehalten. Die „Sei lieber vorsichtig"-Tür, die dazu diente, mich vor dem Wiederholen vergangener Enttäuschungen zu schützen. Doch wenn wir wirklich etwas aus unserer Vergangenheit lernen und uns unseren tiefsten Ängsten gestellt haben, werden sich unsere Ängste und Erlebnisse nicht wiederholen. Sie wiederholen sich nur, wenn wir sie nicht lösen, nicht aus ihnen lernen und in Situationen immer und immer wieder genauso handeln wie zuvor. Wenn wir uns das eingestehen, brauchen wir keinen Notausgang in unserem Herzen. Dann ist dein Herz geöffnet und bereit, all das geschehen zu lassen, was geschehen soll. Dann ist dein Herz stark genug – egal, was passiert. Es verschließt sich nicht wieder. Das Herz ist ein Muskel, der lernen kann, sich auszudehnen, der stärker werden kann. Mit jeder Erfahrung und jeder Angst, die du loslässt, wird dein Herz stärker und es öffnet sich immer mehr. Du lernst Vertrauen zu schenken und weißt, dass sich die Dinge nicht wiederholen werden, weil du mit deiner Vergangenheit abgeschlossen hast und keine Angst mehr vor einer Wiederholung in der Zukunft hast.

Nimm dir einen Moment
der *Stille* und frage dich:

Ist mein *Herz* geöffnet?
Bin ich wirklich bereit,
es zu öffnen?
Was muss ich dafür
tun, es zu öffnen?
Was bedarf es, damit
es offen bleibt?
Weiß ich überhaupt,
wovon die Rede ist?

Wir alle tragen die Vergangenheit in unseren Herzen, die sich schützend wie eine Mauer um unser Herz baut. Das ist das Leben, das sind die kleinen Situationen und die schweren Momente, der Schmerz, der unser Herz verschließt. Es ist fast schon ein Automatismus, ein Selbstschutz, der sich aktiviert, sobald sich eine Enttäuschung, Angst oder Sorge bemerkbar macht. Wenn dein Herz verschlossen ist, kannst du keine Verbindung zu ihm aufbauen und hörst nicht, was es dir sagen möchte. Es versucht ständig, dir Nachrichten zu schicken und dir den Weg zu zeigen, aber weder hörst du noch erkennst du die Botschaft dieser Nachrichten. Du bist verschlossen und niemand, nicht einmal du selbst, kann an dich herankommen. Du weißt nicht, was der nächste Schritt ist und du findest keinen Anfang. Du siehst nicht die ganze Wahrheit, sondern nur das, was deine Augen wahrnehmen und dir von deinem Verstand aufgezeigt wird. Doch das, worauf dein Herz dich aufmerksam machen möchte, ist etwas ganz anderes. Die wahre Sicht bleibt versperrt, so wie dein Herz.

Das Herz stellt die Verbindung von unserer inneren zu unserer äußeren Welt dar. Durch deine Augen siehst du eine Welt, die deiner persönlichen Auffassung und Konditionierung entspricht. Was du siehst, zeigt dir, wie für dich die Realität erscheint. Dies ist deine individuelle Wahrnehmung. Doch man sagt nicht umsonst „my mind plays tricks on me" – denn das, was deine Augen sehen und wahrnehmen, wird von deinem Verstand verarbeitet. Und der Verstand kann einen Schleier über deine Augen legen und dich sehen lassen, was immer er möchte, das du siehst. Doch dein Herz, dein pures und reines Herz, sieht etwas ganz anderes. Es hat eine ganz andere Form der Wahrnehmung, denn es sieht nicht nur, sondern es fühlt. „Man sieht nur mit dem Herzen, das Wesentliche ist für die Augen unsichtbar." (Antoine de Saint-Exupéry aus dem Buch

„Der kleine Prinz") – eines meiner Lieblingszitate. Die Augen können gar nicht alles sehen. Wir übersehen etwas Kleines, das ganz unwesentlich und unbedeutend erscheint. Wir können uns vergucken oder gar absichtlich wegschauen, weil wir es nicht sehen möchten. Doch dein Herz nimmt alles wahr. Es sieht die grundlegenden Dinge, spürt und fühlt selbst die kleinsten Kleinigkeiten. Dein Herz kennt keine selektive Wahrnehmung, so wie unser Verstand.

Immer wieder versuchen wir Menschen, Großes zu bewirken, ohne ein Fundament zu haben, ohne zu wissen, dass die kleinen Dinge im Leben dieses Fundament überhaupt erst bilden. Wir leben im Außen und lassen uns von dem Offensichtlichen blenden, übersehen das Wesentliche und bilden somit ein Fundament basierend auf verblendeten Tatsachen. Denn das Offensichtliche hinterfragen, tut nur dein Herz. Nur dein Herz kann dir sagen, was dein Fundament benötigt.

Ein offenes Herz zu haben bedeutet also, mit seinem Herzen zu sehen. Es bedeutet, zu fühlen und zu spüren. Es bedeutet, Ängste zu überwinden und Liebe in deine innere Welt eintreten zu lassen. Es bedeutet, alle Zweifel über Bord zu werfen und mit Zuversicht und Vertrauen deinen Weg zu gehen. Es bedeutet, dass dein Herz für dich denkt und dich leitet.

Um dein Herz zu öffnen, musst du dich zuerst deinen Ängsten stellen. Es gilt herauszufinden, welche Ängste du in dir trägst und was du tun kannst, um sie zu überwinden. Und wie du sie als Konsequenz durch Liebe ersetzen kannst. Angst ist ein schlechter Begleiter: Es wird Situationen auf deiner Reise geben, da verspürst du einen Hauch von Angst. Und sobald sich dieser Hauch bemerkbar macht, verbindest du dich mit deinem Herzen und es wird dir sagen, dass du die Angst zur Seite schieben kannst, denn sie bringt dir nichts. Sie hemmt dich nur und bringt dich nicht weiter. Was dich aber stattdessen weiterbringen wird, ist, die Angst durch Liebe und Vertrauen zu ersetzen. Konditioniere dein Herz auf diese Antwort für solche Situationen. Wähle Vertrauen und dann wende es immer und immer so an. Bis dein Herz keine Angst mehr zulässt. Pole dein Herz darauf, dir jedes Mal zu sagen: „Hallo, warte mal einen Moment, bevor du in Panik gerätst. Denn was genau bringt es dir, jetzt Angst zu haben?" Und jedes Mal antworte dir selbst: „Gar nichts!" Diese Übung machst du so lange, bis dieser Dialog in Fleisch und Blut übergeht. Das ist hartes Training, aber es lohnt sich. So wirst du deinen Verstand umpolen und mithilfe deiner eigenen inneren Kraft wirst du tiefe Konditionierungen umschreiben und dich selbst von den Fesseln deiner Angst befreien.

Angst bedeutet Trennung. Dein Herz ist von der Einheit, dem Urvertrauen, der Liebe getrennt. Wenn du die Angst mit Vertrauen besiegst, kannst du sie durch Liebe ersetzen. Das Vertrauen zieht automatisch mehr Vertrauen an und du wirst merken, wie stark dich dieses Vertrauen werden lässt. So stark, dass du spüren kannst, wie die Liebe durch dein Herz hindurchfließt, wie sie es höherschlagen lässt. Denn nur die Liebe kann die Angst ersetzen. Nur die Liebe ist stark genug, dich zu befreien und dich dabei zu unterstützen, dein Herz offenzulassen. Denn ersetzt du die Angst durch Liebe, ist dein Herz geöffnet und du hast Platz geschaffen für den nächsten Schritt. Der nächste Schritt ist, dich deinen Urängsten zu stellen bzw. deiner tiefsten Angst. Wann diese Stelle auf deiner Reise kommt, kann ich dir nicht sagen. Für mich kam es zum Schluss, als ich dachte, ich sei angekommen und darauf wartete, weitergehen zu können. Doch es tat sich nichts. Obwohl ich all meine Ängste dem Leben gegenüber abgelegt hatte und ich bereits tief im Vertrauen lebte. Bis ich merkte, dass ich noch nicht da angekommen war, wo ich sein sollte und wo ich schon längst zu sein dachte. Denn mich hielt immer wieder etwas auf und blockierte mich, machte mich wütend und ließ mich mein inneres Gleichgewicht verlieren. Also musste ich mich in letzter Konsequenz zu diesem Zeitpunkt meiner Reise meiner tiefsten Angst stellen: Und zwar mich selbst, eher gesagt, mein wahres Selbst zu lieben. Die negativen Erlebnisse der Vergangenheit, mein kaputtes Selbstbild, meine Angst, mein wahres Ich zu zeigen, blockierten nicht nur mein Herz, sondern auch die Liebe von Menschen, die mich wirklich lieben – bedingungslos, rein und so wie ich bin und war. Die Angst, die ich hatte, war, dass sie mich irgendwann nicht mehr lieben könnten, vor allem, wenn mein wahres Selbst zum Vorschein kommt. Doch wieso sollten sie? Wieso sollte ihre Liebe dann aufhören? Sie würde nur dann aufhören können, wenn ich dieses Selbst, die nächste Version, nicht lieben werde. Warum ist es also schwer, sich selbst zu lieben? Warum hatte ich Angst, mein wahres Selbst und das, was sich entfalten wird, nicht lieben zu können? Warum erschien es mir leichter, mein Herz verschlossen zu halten, als jetzt schon die nächste Version, mein höheres Selbst zu lieben? Weil wir es so gelernt haben. Wir haben Schutz statt Offenheit gelernt. Weil wir gelernt haben, unser Herz selbst verschlossen zu halten. Da ist ein Platz frei, den wir selbst einnehmen müssen. Wir finden nichts im Außen, was diesen Platz einnehmen könnte, das müssen wir selbst sein.

> Öffne dein Herz und lade all die vergangenen Versionen von dir ein. Öffne dich ihnen gegenüber und lebe nicht länger in Trennung mit ihnen. Denn dann wirst du bereits jetzt deine nächste Version lieben. Indem du dein Herz öffnest, lernst du, zu lieben.

Lerne, zu lieben

Lieben zu lernen bedeutet, Einheit entstehen zu lassen. Wenn du Einheit schaffst, kann Liebe wirken und es entfaltet sich Magie. Eine Magie, die sich auf einer nicht sichtbaren Ebene entfaltet und viel tiefer geht als das, was du bisher unter Liebe kennst. Der springende Punkt ist allerdings, dass wir erst lernen müssen, zu lieben.

Liebe ist eine der höchsten Emotionen und Energien. Auf der Skala des Bewusstseins von Dr. David R. Hawkins folgen nach der Liebe nur noch Freude, Frieden und Erleuchtung, doch 13 Emotionen ordnen sich der Liebe unter. Alle weiteren Emotionen bekommen nicht einmal einen Platz auf dieser Skala:

HIGHER SELF

Emotion	Wert
Erleuchtung	700-1000
Frieden	600
Freude	540
Liebe	500
Einsicht	400
Akzeptanz	350
Bereitschaft	310
Neutralität	250
Mut	200
Stolz	175
Wut	150
Begierde	125
Angst	100
Trauer	50
Schuld	30
Scham	20

SCHÖPFERMODUS „GEBEN WOLLEN"

FÜLLEBEWUSSTSEIN UND VERBINDUNG

ÜBERLEBENSMODUS „HABEN WOLLEN"

MANGELBEWUSSTSEIN UND TRENNUNG

LOWER SELF

Es heißt, wahre Liebe könnte Berge versetzen, und das ist wirklich so. Denn Liebe ist die Grundlage für alles – für unser Dasein, für unseren Frieden, für unsere Weiterentwicklung und für unsere Freude. Liebe kennt keine Grenzen, kein Für und Wider, kein Wenn und Aber. Wahre Liebe ist offen, rein und etwas ganz Natürliches. Sie ist nichts, was uns Angst machen oder uns gar von unserem natürlichen Ursprung trennen müsste. Sie ist etwas Beständiges, Verlässliches und Aufrichtiges. Einfach etwas Einzigartiges. Und diese Einzigartigkeit können wir lernen, zu erkennen, zu verstehen und anzunehmen. Dann wissen wir erst, was wahre Liebe ist. Erst dann sind wir in der Lage, wahrhaftig zu lieben. Wir erleben zum ersten Mal die Liebe im Mutterleib, dann lernen wir zu lieben. Liebe wird uns immer bewusster, es wird greifbarer. Doch dann, im Verlauf des Lebens, lernen wir wieder zu lieben und müssen erst wahre Liebe erfahren, um diese geben zu können. Denn diese wahre Liebe hält allem stand und gibt uns die Kraft, mit dem Menschen, den wir am meisten lieben, das Schlimmste zu meistern. Diesem Menschen schenkst du dein Herz bedingungslos und vertraust dich ihm an. Dann werden aus beiden Herzen eins. Einheit entsteht und von da an wissen wir, wie Liebe wirkt, was sie alles bewirken kann, wie grenzenlos und machtvoll sie ist. Aber vor allem, wie sie mit ihrer Magie Zeit und Raum überwindet.

Liebe zieht Liebe an, doch in erster Linie müssen wir lernen, wieder zu lieben. Was bedeutet das genau? Das bedeutet uneingeschränkte, bedingungslose Hingabe an diese höhere Emotion und an das, was sie mit sich bringt. Um das zu können, musst du deinen inneren Frieden, der jenseits allen Verstehens ist, gefunden haben. Diese Liebe hat nichts mit dem Verstand zu tun und demnach auch nicht mit dem

Verstehen. Sie liegt ganz weit außerhalb von diesem Rahmen, viel tiefer. Hast du sie gefunden, musst du sie nicht verstehen, sondern lernen, sie anzunehmen und zu akzeptieren. Sie zulassen und fühlen können. Dann entfaltet sie sich, breitet sich aus und kann weitergegeben werden.

Es ist so, wie es ist, und es passiert so, wie es sein soll – das müssen wir nicht verstehen, sondern wir dürfen uns dieser Magie einfach hingeben. Es ist die Liebe, die uns frei macht, die uns unseren Weg zeigt. Sie zuzulassen bedeutet, dass sie frei fließen und überall da Einheit schaffen kann, wo Trennung und Widerstand herrschen. Lass sie zu und lass sie frei fließen.

Mein Verstand wusste zwar immer, was wahre Liebe bedeutet, und doch war mein Herz vorher nicht in der Lage, sie voll und ganz zuzulassen und vor allem auch, sie anzunehmen. Tiefe Ängste haben mich davon abgehalten. Wie zum Beispiel die Angst, dass sie mir genommen werden kann, die Angst, sie zu verlieren und die Angst, was passiert, wenn ich sie annehme und zulasse und mich ihr hingebe. Als ich die Ängste erkannt habe, konnte ich mich Stück für Stück von ihnen lösen, doch dazu habe ich eine Weile gebraucht und musste viele Schritte gehen. Aber weißt du, was dann passiert ist? Dann war ich erst wirklich frei. Wenn wir unsere Ängste in Bezug auf die Liebe erkennen und sie wandeln, dann kann dein Leben sich frei entfalten, so wie es sein soll. Liebe heilt. Liebe befreit. Sie befreit dich von allen Sorgen, allen Ängsten und allem Negativen. Sie darf sich nur nicht zu einer Angst entwickeln. Habe keine Angst davor, Liebe in dein Leben einzuladen, sie zuzulassen und dich ihr hinzugeben. Habe keine Angst davor, dass sie dir genommen werden könnte, sondern lebe im jeweiligen Moment und genieße einfach, was genau in diesem Moment passieren soll. Was danach kommt, sollte dich nicht jetzt schon beschäftigen. Liebe zieht Liebe an und das ist alles, was du dir bewusst machen solltest, damit sich die Magie der Liebe wie ein Umhang um dein Leben legt.

Habe keine Angst vor der Macht und Wirkung der Liebe. Und beginne mit der Liebe zu dir selbst. Arbeite zuerst an dir und der Liebe zu dir selbst. Erkenne deine Bedürfnisse, kenne deinen Wert und nimm dich an. Es gibt keinen Menschen auf der Welt, der dir näher steht als du dir selbst. Wenn du dich selbst nicht liebst, wirst du aufgrund der fehlenden Liebe zu dir selbst auch keine Liebe in dein Leben ziehen. Zumindest keine, die ihre Magie frei entfalten kann. Es beginnt immer bei und mit dir selbst. Sich selbst wertzuschätzen, für sich selbst, so wie man ist, dankbar zu sein und die Liebe zu sich selbst anzuerkennen und zuzulassen, kann ein langer und teilweise auch sehr schwieriger Prozess sein. Es hat viel mit dem zu tun, was dir in der Vergangenheit widerfahren ist und was davon in deinem Verhalten und Mustern hängen geblieben ist. Manche Erfahrungen können wir nicht einfach so abschütteln, das ist ganz klar, doch je mehr du auflöst, umso mehr wirst du verstehen, wie essenziell es ist, dich selbst zu lieben. Je mehr Themen du bearbeitet und aufgelöst hast, desto stärker wird nämlich die Verbindung zu dir und du lernst, deinen wahren Wert mehr und mehr zu schätzen. Du beginnst, dich ganz automatisch zu lieben. Was du im Vorfeld dennoch benötigst, ist das Bewusstsein dafür, wie wichtig und essenziell es ist, sich selbst zu lieben. Den Kampf gegen sich selbst zu führen, ist nicht nur schmerzhaft, sondern vor allem auch sinnlos. Du wirst nicht weiterkommen, wenn du gegen dich selbst kämpfst. Sei gut zu dir, lerne deinen Wert kennen und schaffe Platz für die Liebe. Die Liebe zu dir selbst. Denn dann wirst du die Liebe in dein Leben ziehen.

Was dir im Vorfeld außerdem bewusst sein sollte, ist, dass Liebe zwar Liebe in dein Leben zieht, aber dass es sich nicht immer um die Liebe handelt, an die du jetzt möglicherweise denkst oder nach der du dich vielleicht gerade aus tiefstem Herzen sehnst. Liebe ist nicht nur das, was zwei Menschen miteinander verbindet, die ein Liebespaar sind. Liebe ist weitaus mehr als das und Liebe kann überall und in jeder Form erscheinen. Wenn du das verstanden hast und nachempfinden kannst, kann wahre Liebe ihren Platz in deinem Leben einnehmen.

Die Liebe zu mir selbst zuzulassen, war für mich viel schwieriger, als die Liebe von anderen anzunehmen. Letztendlich hatte ich mit beidem meine Schwierigkeiten, die erst besser wurden, als ich begann, mich meinen Themen der Vergangenheit zu stellen, damit ich mit mir mehr und mehr ins Reine komme. Durch das Praktizieren von Selbstliebe kommen wir mit uns selbst ins Reine, wir lernen uns zu vergeben, wir lernen uns so anzunehmen, wie wir sind und wir lernen nicht mehr darüber nachzudenken, ob wir die Liebe annehmen oder nicht. Wir lassen sie einfach geschehen. Die Liebe entfaltet sich, ohne dass wir eine Wahl haben. Sie lässt ihrer Magie einfach freien Lauf.

Es wird immer wieder Phasen in deinem Leben geben, in denen die Liebe zu dir selbst auf die Probe gestellt wird, in denen die Veränderungen deiner Äußerlichkeiten dich an deiner inneren Liebe zu dir selbst zweifeln lassen. In diesen Phasen heißt es, einen klaren Kopf zu bewahren und dich nicht von deinen von außen produzierten Gefühlen und Gedanken steuern zu lassen. Das wird dir helfen, die Hürde zu meistern und die Liebe zu dir selbst festigt sich wieder ein Stück mehr. Was du dazu brauchst, ist das zuvor erwähnte Bewusstsein. Das Bewusstsein darüber, dass du die Entscheidung triffst und niemand anderes. Du triffst die Entscheidung für dich selbst, dich selbst zu lieben und Liebe in deinem Leben wirken zu lassen, egal in welcher Form und Erscheinung.

Hätte ich dieses Bewusstsein früher entwickelt, wäre einiges leichter für mich gewesen und der Kampf gegen mich selbst hätte ein früheres Ende gefunden. Zweifel gehören dazu. Sie dürfen sein. Wichtig ist, dass du dir im Klaren über deine Zweifel wirst. Woher kommen sie? Kommen die Zweifel aus den fest verankerten alten Glaubenssätzen in deinem Unbewusstsein? Spielen dir die Äffchen deines Monkey Minds wieder einen Streich? Versuche Abstand zu gewinnen, um herauszufinden, woher deine Zweifel kommen und ob sie begründet sind oder nicht. Solltest du emotionale Gründe für deine Zweifel haben, dann liegt die Entscheidung bei dir. Folgst du deinem Herzen, folgst du deiner Intuition, dann wirst du es schaffen, diese Zweifel zu überwinden. Du wirst sie loslassen können und alles, was du damit verbindest. Und dann entfaltet sich die Qualität in dir zu lieben.

Wenn du dir die Liebe in deiner Beziehung reiner, tiefer und wahrhaftiger wünschst, gilt es, deinem Ego in deiner Beziehung keinen Platz zu geben. Egal, wie sehr dich die kleinen alltäglichen Gewohnheiten nerven, versuche als oberstes Ziel im Alltag immer Harmonie zwischen euch anzustreben. Versuche, immer wieder das Gleichgewicht herzustellen und rechne nicht auf. Niemanden interessiert es, wie oft du das Licht ausmachen oder die Schranktüren schließen musstest, tu es einfach und zwar kommentarlos, denn jeder Kommentar hat Potenzial, sich zu einem Streit oder einer Auseinandersetzung zu entfachen und mal ernsthaft: Ist es das wert? Auch wenn dein Ego in den jeweilgen

Momenten am liebsten losbrüllen würde, das Ziel ist, eine harmonische Beziehung voller Liebe zu führen. Eine Beziehung lebt von Kompromissen, kleinen wie großen und nicht davon, seine Ellenbogen einzusetzen, um seinen Ego-Willen durchzubekommen. Es erfordert harte Arbeit an sich selbst und nicht an dem Partner oder der Partnerin. Wir dürfen unterschiedliche Meinungen haben, wir dürfen diskutieren, wir dürfen auch mal streiten, aber wir müssen lernen, unseren Partner oder unsere Partnerin sein zu lassen, ohne zu meckern und ohne die Person ändern zu wollen.

Alte Gewohnheiten können ganz schön fies sein. Das Ego kämpft dafür, dass sie immer wieder ihren Weg an die Oberfläche finden. In manchen Situationen sind sie schon da, noch bevor du überhaupt die Gelegenheit hattest, über deine Reaktion nachzudenken. Auch das kannst du lernen. Jedes Mal, wenn sich deine Angewohnheiten zeigen oder dein Ego zu Wort melden möchte, bringst du es dankend zum Schweigen, es wird irgendwann ruhiger und versucht sich immer seltener zu Wort zu melden, bis es irgendwann einfach ruhig ist und du die alte Angewohnheit abgelegt hast. Das ist der Punkt, an dem dein Leben leichter wird! Alles wird viel einfacher, weil sich nicht mehr alles um die unwichtigen Oberflächlichkeiten dreht, die dein Ego so wichtig findet, sondern darum, was dein Herz dir sagen und zeigen möchte. Es wird leichter, weil du deinen inneren Frieden, zumindest mit diesem Thema, gefunden hast und in Liebe mit diesem Teil von dir lebst.

Versuche in Situationen, ob innerhalb einer Liebesbeziehung oder in anderen zwischenmenschlichen Beziehungen und vor allem auch in der Beziehung zu dir selbst, deinem Ego jedes Mal ganz freundlich zu sagen, dass du es nicht hören möchtest. Entscheide dich bewusst, dich nicht von deinem Ego beeinflussen oder umstimmen zu lassen. Und vor allem entscheide dich jedes Mal für die Liebe. Es wird nicht nur leichter werden, du wirst auch lernen, zu lieben – frei, rein, wahrhaftig und magisch.

Mein Weg, weder der klassische noch der einfache, dafür mein ganz persönlicher Weg, führte mich zuerst durch den Prozess des Loslassens und des Bewusstwerdens. Und erst, als ich meine Verbindung zu mir selbst wieder zurückerlangt hatte und als ich alle Oberflächlich- und Äußerlichkeiten abgelegt hatte, erst dann war ich voll und ganz mit mir im Reinen und konnte damit anfangen, mich selbst zu lieben.

> Wo beginnt Liebe und wo hört sie auf?
> Liebe beginnt bei dir. Lieben lernst du, wenn du da, wo Trennung herrscht, die Liebe es wieder zusammenführt. Lieben lernst du, wenn kein Platz für Liebe ist und sie trotzdem da ist. Lieben lernst du, wenn die Sorgen und Ängste groß sind, aber du dich für die Liebe entscheidest. Lieben lernst du, wenn du gebraucht wirst, obwohl du auch etwas brauchst und dennoch bedingungslos geben kannst. Wir alle brauchen nämlich etwas und das ist Liebe.

Indem wir
wieder lernen, zu
lieben, erlangen wir
ein *neues Bewusstsein*
und dann lernen wir die
wahre Liebe kennen –
bedingungslos, grenzenlos,
uneingeschränkt
und *magisch*.

Sei dir deiner selbst bewusst

Das neue Bewusstsein, das du schaffst, wird dir helfen, deinem wahren Selbst immer näher zu kommen. Je mehr du dir deiner selbst bewusst bist, dich als menschliches Wesen kennenlernst und dir deiner Fähigkeiten, Kenntnisse, Erfahrungen, deinem Wissen und deiner Einzigartigkeit bewusst wirst, desto näher kommst du deinem Kern. Je mehr Bewusstsein du von dir selbst als denkendes und fühlendes Wesen entwickelst, desto mehr weißt du, was du nicht bist und umso leichter fällt es dir, dich dem zu nähern, was und wer dein wahres Ich ist.

> Was darf sich also lösen? Wo darf sich dein Bewusstsein noch erweitern? Wenn du dein Herz geöffnet hast, wird es dir leichter fallen, dir klar zu werden, was du willst. Du möchtest dich weiterentwickeln und einen Schritt weiterkommen? Dann mache dir bewusst, was dafür notwendig ist. Was hält dich davon ab, den nächsten Schritt zu gehen? Wo soll der nächste Schritt überhaupt hingehen? Wer soll dich dabei begleiten? Was musst du dafür tun?

All diese Fragen werden dir automatisch in den Sinn kommen, sobald du die Entscheidung getroffen hast, etwas zu verändern und deine Reise anzutreten. Eine Veränderung ist nie leicht, selbst wenn du dich bewusst dazu entscheidest. Und auch dann wird eine Veränderung nicht zwangsläufig leichter. Der Schlüssel liegt darin, die Notwendigkeit, etwas zu verändern, zu erkennen und etwas dafür zu tun. Lerne Veränderungen anzunehmen und dich ihnen anzupassen. Eine Veränderung sollte aus deinem Inneren heraus entstehen. Alle von außen diktierten Veränderungen sind letztendlich ein Resultat deines Inneren. Wir machen oft die Außenwelt dafür verantwortlich oder haben Angst vor Veränderungen, doch im Grunde genommen ist es eine Projektion deiner inneren Welt. Daher ist es sehr wichtig, dass die Veränderung, die du anstrebst, von innen heraus passiert. Wenn sie im Inneren beginnt, kann sie auch nach außen wirken. Daher ist die erste Veränderung nach dem Fassen des Entschlusses, deine Reise anzutreten, und nach dem Festsetzen deines Ziels flexibler zu werden. Alles Harte kann brechen, alles Flexible kann sich ausdehnen und anpassen. Sei nicht mehr so hart zu dir selbst, zu anderen oder deinem Leben gegenüber. Werde weich und einsichtig. Lerne, dich den Gegebenheiten bewusst anzupassen, wenn es notwendig ist, und kämpfe nicht gegen Veränderungen an. Du sollst kein Fähnchen im Wind werden, das keine eigene Meinung hat, vielmehr geht es darum, manches einfach zu akzeptieren, so wie es gerade ist. Wir können nicht alles und jeden ändern oder steuern! Aber die Entscheidung, wie wir damit umgehen, liegt bei uns. Lass alles los, auf das du keinen Einfluss hast, und du wirst du merken, dass sich dein Herz auch nicht mehr verschließt. Mache es dir leichter, indem du achtsamer und bewusster die Ereignisse und Gegebenheiten deines Lebens betrachtest. Nimm den Druck raus. Druck erzeugt Gegendruck, der wiederum dein Herz verschließt und deine Wahrnehmung verzerrt. Du bist nicht mehr im Hier und Jetzt, sondern lebst in der vom Gegendruck erzeugten Emotion, Wut, Frust, Zorn, Sorge und so weiter. Flexibel zu sein bedeutet, mit dem nötigen Abstand die Situation einschätzen zu können, dich den Dingen anzunehmen und zu erkennen, dass du vieles einfach nicht ändern kannst. In solchen Momenten sparst du eine Menge Kraft und verschwendest keine Energie. Du bleibst bei dir, im Hier und Jetzt, und dein Herz bleibt geöffnet. Es bleibt offen, was es dir erleichtert, deinem Herzen zu folgen und Veränderungen von innen heraus anzustreben.

Dem Ruf zu folgen und sich bewusst für den Prozess der Veränderungen zu entscheiden und sich diesem hinzugeben, eröffnet eine Phase der Reflexion, der Innenschau, der Einkehr. Möglicherweise bist du bereits mitten in dieser Phase oder hast bereits einiges bearbeitet. Die Fragen in deinem Kopf werden vorerst nicht unbedingt weniger und es kommen immer neue hinzu. Das kann dich teilweise überfordern und deine emotionale Verfassung sehr strapazieren. Wenn du dir in solchen Momenten immer wieder bewusst machst, dass das Entscheidende dein Entschluss selbst ist, wirst du genug Kraft, Klarheit und Durchhaltevermögen entwickeln, um die Reflexionsphase zu meistern. Du hast einen Entschluss gefasst, den Entschluss, etwas verändern zu wollen. Dieser stammt aus deinem tiefsten Inneren und kommt von Herzen. Somit hast du einen weiteren großen Schritt auf deiner Reise geschafft. Denn sich bewusst für Veränderung zu entscheiden, widerstrebt unserer menschlichen Natur. Unser Metaprogramm ist auf sicherheitsliebende Gewohnheitstiere programmiert, die Ungewissheit und Unsicherheiten, die Veränderungen an sich haben, nicht mögen. Wir wollen Stabilität, Sicherheit und viel lieber beim Altbewährten bleiben. Sich bewusst für eine Veränderung und Ungewissheit zu entscheiden, ist sehr mutig und genau dieser Mut hilft dir, deinen Blick nach innen zu richten und dich den Fragen deiner Reflexionsphase zu stellen sowie deren Antworten zu akzeptieren. Wir haben Angst vor den Antworten. Wir wollen sie nicht hören. Sie tun uns weh, daher lehnen wir auch Veränderungen ab. Sobald wir die Antwort wissen, entwickeln wir das Gefühl, auch handeln zu müssen. Handeln zu müssen kann wiederum bedeuten, dass wir etwas ändern müssen. Diese Veränderung bringt Neues mit sich, das wir nicht kennen und die Ungewissheit schafft Unbehagen. Unbehagen mögen wir nicht. Also stellen wir uns erst gar nicht die Fragen und bleiben lieber da, wo wir sind. Leider schafft dieser Kreislauf kein Bewusstsein. Zumindest nicht den, den du brauchst, um dich selbst und deine Lebensaufgabe zu finden.

Sei mutig und trau dich, die Antwort zu empfangen. Du kannst in deinem ganz eigenen Tempo dabei vorgehen, es gibt keinen vorgesehenen Zeitrahmen. Mach dir also keinen Druck, Antworten auf deine Fragen zu finden. Du wirst nicht jede Antwort sofort erhalten oder jedes innere Thema direkt benennen können. Mitten im Alltagsgeschehen, wo viele Eindrücke und Impulse auf uns einprasseln, befinden wir uns gleichzeitig in einer Phase der Innenschau. Das können wir an manchen Tagen besser verkraften als an anderen. Daher ist es das Beste, dich nicht zusätzlichem Stress auszusetzen, emotional, wie auch physisch. Weitere Stressfaktoren bürgen nur weitere Herausforderungen und kosten dich zusätzlich Kraft. Sie können dich sogar auf deiner Reise zurückwerfen. Daher heißt dieser Abschnitt „Sei dir deiner selbst bewusst". Es geht vor allem darum, ein Bewusstsein für dich und deine Bedürfnisse zu entwickeln, auf deinen Körper zu hören und mutig den Antworten Gehör zu schenken. Sei dir bewusst darüber, wie du am besten reflektieren kannst und wie du ausreichend Raum und Kraft aufbringst, um die Antworten auch annehmen zu können. Die damit einhergehenden Veränderungen sollen sich in deinem tiefsten Inneren entfalten, sonst wird sich nichts verändern – weder in deiner inneren noch in deiner äußeren Welt.

Wie machen wir uns am besten etwas bewusst?

> Der erste Schritt, der dich automatisch zu mehr Bewusstsein führt, ist die Entscheidung, etwas zu verändern und dich weiterzuentwickeln.

Sobald du diese Entscheidung getroffen hast, hast du den Samen gesät und dein Unterbewusstsein arbeitet auf Hochtouren. Alte Erinnerungen, Situationen, Gesichter, Momente und Emotionen kommen wieder hoch und wollen gehört, reflektiert und in Frieden losgelassen werden. Du hast den Stein ins Rollen gebracht und dein Unterbewusstsein wirft deinem Bewusstsein all den Kram, der sich tief in deinem Inneren angesammelt hat, hoch. Alles, was gehört werden möchte, taucht auf und darf von dir bearbeitet werden.

Das bedeutet, sich bewusst zu machen, was die Bedeutung dahinter ist, sich Zeit und Raum zu nehmen, um dem emotionalen Ballast auf den Grund zu gehen, seine innere Stimme nach Antworten zu bitten und vor allem, hinzusehen und sich einzugestehen, was da ist und was gehen darf. Es bedeutet, durch das Reflektieren auch mal einen Perspektivenwechsel einzunehmen und nicht auf der eigenen Wahrnehmung des Erlebten zu beharren. Vieles hast du vielleicht über die Jahre hinweg vergessen oder du vermischst es mit anderen Ereignissen oder Emotionen.

Daher darfst du viel Neutralität und Einsicht innerhalb deines Reflektierens und des Bewusstwerdens entwickeln.

Im Yoga ist das Selbststudium „Svadhyaya" ein wesentlicher Bestandteil im Umgang mit sich selbst. Sich selbst zu beobachten, zu studieren und zu erforschen, ist eine hohe Kunst. Du wirst ein neutraler Beobachter oder eine neutrale Beobachterin deiner Gedanken, Emotionen und Handlungen und versetzt dich in eine distanzierte Position, aus der du deine Denk-, Gefühls- und Handlungsmuster versuchst, nachzuvollziehen. Du möchtest erkennen, welche alten Muster und Gewohnheiten noch da sind, die dich beherrschen.

Bei Svadhyaya geht es nicht darum, alles zu zerdenken und zu analysieren, es geht vielmehr darum, einen Perspektivenwechsel einzunehmen, um zu erkennen, wohinter du dich versteckst.

Was versucht dir deine *innere Stimme* mitzuteilen?

Worauf solltest du deinen *Blick* richten?

Worin liegt die *Ursache*?

Svadhyaya bedeutet also, dass du dir deiner selbst *bewusst* bist.

Du bist dir deines Denkens und Handelns bewusst, hinterfragst dieses kritisch und dennoch neutral. Dein Bewusstsein erlangt Leichtigkeit und du erhältst mehr Lebensfreude, da dir die Neutralität deines Selbststudiums als Orientierungshilfe dient, welche du langfristig als transformierende Kraft benötigst.

Doch dazu benötigst du Zeit und Raum. Es ist der übliche Beginn, an der Oberfläche anzufangen und die Antworten auf deine Fragen im Außen zu suchen. Es dauert, bis du Schicht für Schicht tiefer kommst. Daher brauchst du nicht nur Zeit, sondern du darfst dir dabei auch Zeit lassen. Zwinge dich nicht, Antworten zu finden oder bereits Themen abzuschließen. Alles zu seiner Zeit und in dem dafür vorgesehenen Tempo. Orientiere dich nicht daran, wie alt du bist oder wie alt jemand aus deiner Familie oder dem Freundes- / Bekanntenkreis ist, der oder die das bereits hinter sich gebracht hat. Du möchtest dich weiterentwickeln und du möchtest dich finden und heilen, daher hat dein Leben auch sein eigenes Tempo und seine eigenen Zeitpunkte, für die alles genau bestimmt ist. Du wirst Schicht für Schicht lösen können, bis du den Kern erreichst. Doch an diesem Punkt auf deiner Reise geht es vor allem erst einmal darum, dir überhaupt bewusst zu werden, was du verändern, wo du hin möchtest und wie du am besten damit anfangen kannst, dich selbst zu beobachten und zu erforschen.

Außerdem werden wir nie richtig am Ende des Reflektierens angekommen sein. Es wird immer wieder Neues hinzukommen, neue Situationen, neue Menschen oder Entwicklungsstufen. Du entwickelst dich Tag für Tag, daher versuche nicht, ein Ende in dieser Phase zu erzwingen. Lass alle Gedanken und Emotionen zu und dann fließt es von allein. Dein Bewusstsein wird sensibilisierter und dein Leben bekommt die Möglichkeit, sich mehr und mehr zu entfalten. Bleib bei dir und du wirst immer, egal wann, egal wo, eine Antwort zum richtigen Zeitpunkt erhalten. Ohne in einen Selbstoptimierungswahn zu verfallen, kann das Reflektieren nach einer Weile ganz von alleine geschehen. Deine persönliche Weiterentwicklung ist eine Reise, ein Prozess aus unterschiedlichen Phasen mit verschiedenen Intensitäten, geprägt von mehreren Parallelen – zu reflektieren und sich die Ereignisse seines Lebens bewusst zu machen, ist etwas, das dir Leichtigkeit verschaffen sollte und keine Zwanghaftigkeit auslösen darf.

Die erste Entscheidung, die ich in Richtung mehr Bewusstsein traf, war, mich zum Yoga Teacher Training anzumelden. Allerdings wusste ich da noch nicht, wie sehr dieser Schritt mein Leben verändern und meine persönliche Weiterentwicklung fördern würde. Die nächste Entscheidung kam, als ich Mutter wurde. Ich traf die Entscheidung, alles in meiner Macht Stehende zu tun, um körperlich und mental gesund zu bleiben und erst einmal zu werden, damit ich für meine Familie die bestmögliche Version meiner selbst sein kann. Mir war und ist bewusst, dass man immer krank werden kann, dass ein Schicksalsschlag eintreffen kann. Doch das, was ich in der Hand habe, wollte ich leisten, um gesund und vital zu sein. Mir war nicht bewusst, dass ich dafür an die Grenzen meiner mentalen Kräfte stoßen würde. Denn all die alten Erinnerungen, Situationen und Emotionen setzten mir schwer zu. Und die Prozesse, die ich durchlaufen musste, um all das zu bearbeiten, wirkten sich auf meine Gesundheit aus.

Und so nahm ich zuerst die körperlichen Warnsignale wahr, die mir zeigten, dass es höchste Zeit war, etwas zu verändern. Wenn du dich entschließt, etwas zu verändern, verändert sich die Welt um dich herum ganz automatisch – so war es auch bei mir:

Eine der ersten großen Veränderungen, die mir viel Bewusstsein brachte, geschah auf körperlicher Ebene, auf der es in der Regel immer beginnt: Ich entschied mich für eine vegane Ernährungsweise. In erster Linie für unser Kind, denn ich sollte auf Empfehlung eines holistischen Arztes in der Stillzeit auf Milcheiweiß verzichten – was ist sofort in die Tat umsetzte. Denn im Grunde genommen verzichtete ich zu diesem Zeitpunkt bereits auf Milchprodukte. Und dann wurde daraus ein leiser und schleichender Prozess, bis ich überhaupt keine tierischen Lebensmittel mehr konsumierte und mir vor Augen hielt, was eine vegane Lebensweise außer dem Gesundheitsaspekt noch bedeutet. Schnell wurde mir bewusst, dass sie für mich auf drei Säulen basiert: der eigenen Gesundheit, den Tieren und ganz klar der Umwelt. Es machte Klick, denn natürlich konnte ich alles in meiner Macht stehende dafür tun, gesund zu sein und zu bleiben, um die bestmögliche Version meiner selbst für meine Familie zu sein. Doch es bringt nichts, wenn ich weiterhin dazu beitrage, dass die Welt zugrunde geht. Ich müsste ebenfalls meinen persönlichen Beitrag leisten, die Welt zu einem besseren Ort zu machen, damit unsere Kinder später einmal nicht die Konsequenzen tragen müssen.

Nachdem ich das Ernährungsthema angegangen war, ploppten wieder alte Themen, Erinnerungen und Emotionen auf. Mein emotionaler Ballast meldete sich wieder zu Wort und wollte gerne gehört werden. Ich konnte das ein oder andere Thema der Vergangenheit durch die Meditationen während des Teacher Training abschließen, aber dennoch hielt ein Teil von mir an vielem nach wie vor fest. Ganz kam ich nicht los und zusätzlich kamen weitere Themen und Erinnerungen hoch und weitere Muster und Verhaltensweisen veränderten sich ganz automatisch. Ich hatte schließlich den Samen gesät und früher oder später musste es so weit kommen, dass ich den Stein der Transformation ins Rollen brachte.

Doch all das passierte bei mir gleichzeitig, zusätzlich zu der neuen Rolle als Mutter, der neuen Rolle als selbstständige Yogalehrerin und dann auch noch zu der Rolle als Marketing Managerin im neuen Job. Es war wahnsinnig viel. Mein Kopf machte dicht. Überforderung, Vergesslichkeit und Unklarheit breiteten sich aus. Das spiegelte sich in meinem körperlichen Wohlbefinden wider. Es war zu viel und ich wurde immer kraftloser und leerer. Mit leerer meine ich abgestumpfter und unzufriedener, grundlos angespannt und wahnsinnig erschöpft. Meine körperliche, emotionale und mentale Verfassung war wie ein Kartenhaus, das in sich zusammenzubrechen drohte. Mein Lächeln überstrahlte all das und diese Fassade aufrecht zu erhalten wurde immer schwerer. Weil gleichzeitig immer mehr gelöst werden wollte. Es fühlte sich an wie ein Wettrennen ohne Ziel, wie eine Flucht ohne Zuflucht und wie Hilfe ohne Unterstützung. Es war zu viel. Ich bin kopflos in dieses Rennen gestartet, habe mir nicht die Zeit und den Raum genommen, den ich gebraucht hätte und habe mir erst später bewusst gemacht, was überhaupt los war. Ich habe mich selbst überfordert und musste einen neuen Weg einschlagen. Einen Weg, den ich bewusster gehen musste.

Wenn möglich, arbeite dich Stück für Stück durch den Ballast – von Thema zu Thema, von Erinnerung zu Erinnerung und von Emotion zu Emotion – gerne in professioneller bzw. therapeutischer Begleitung. Denn du darfst dich wirklich nicht damit überfordern. Ich habe es getan, weil ich zu diesem Zeitpunkt einen überdurchschnittlichen hohen Anspruch an mich selbst und einen wahnsinnig sturen Kopf hatte. Ich wollte immer alles alleine schaffen und wurde teilweise verbissen. Ein Teil von mir suchte die Herausforderung. Ein Teil von mir wollte es genau so und nicht anders. Doch jetzt, wo ich viele meiner Themen bearbeitet habe, kann ich mit ausreichend Abstand sagen, dass ich mir zu viel zugemutet habe. Ich habe es irgendwie hinbekommen, aber auf Kosten meiner Gesundheit, und daher habe ich mich währenddessen nicht an mein Ziel zu Beginn des Prozesses gehalten und vor allem habe ich mich selbst aus den Augen verloren. Ich habe kein Selbststudium mehr betrieben, mich nicht mehr beobachtet und nicht mehr auf mich geachtet. Sich bewusst mit sich selbst auseinanderzusetzen, kann sich für manche egoistisch anhören. Doch alles beginnt mit dir. Alles beginnt bei dir, damit du überhaupt an dein wahres Selbst gelangen kannst. Verliere dich selbst also nicht aus den Augen.

> Dränge nicht auf Änderungen sondern tritt einen Schritt zurück und mach dir bewusst: Wo soll meine Reise hingehen? Soll sie mich zu meinem wahren Selbst führen, zu meinem innersten Kern? Welche Veränderungen möchte ich bewirken und welches Ziel verfolge ich damit? Was hat mich bisher davon abgehalten und welche Muster, Verhaltensweisen, Themen, Erinnerungen, Traumata oder Ähnliches muss ich dafür auflösen? Welchen Samen möchte ich zuallererst säen, damit ich der bestmöglichen Version meiner selbst näherkomme?

Aber vor allem mache dir bewusst, dass die Reise zu dir selbst, die du angetreten bist, eine aufregende, schwere und emotionale Reise sein wird, die Zeit und Raum braucht. Und die es sich lohnen wird, auf sich zu nehmen. Mache dir bewusst, dass du jederzeit anfangen kannst, dich von deinem emotionalen Ballast zu lösen und zu heilen. Solltest du immer noch zweifeln, nimmst du jetzt deinen ganzen Mut zusammen und fasst den Entschluss. Den Entschluss, dass jetzt der richtige Zeitpunkt gekommen ist, um mit all dem anzufangen.

◆ Befreie dich von alten Gewohnheiten

Sobald du deine Suche nach Antworten begonnen hast und deinen Blick mehr und mehr nach innen richtest, wirst du schnell auf weitere Themen stoßen als nur die offensichtlichen. Es werden Emotionen, Reaktionen und Gewohnheiten hochkommen, mit denen du dich bislang identifiziert hast. Das Befragen deiner inneren Stimme und das neu gewonnene Bewusstsein über den Weg, den du eingeschlagen hast und über die Entwicklung, die du anstreben möchtest, werden dir helfen, schnell zu erforschen, von welche alten Gewohnheiten du dich nun befreien kannst.

Was sind alte Gewohnheiten? Handelt es sich dabei um deine „Schwächen"?

> Nicht direkt. Alte Gewohnheiten sind wiederkehrende Verhaltens- und Denkmuster, die du unreflektiert und rein aus der Gewohnheit heraus immer wieder machst oder die in gewissen Situationen zum Vorschein kommen. Es sind in Eigenschaften übergegangene Handlungen, die sich ganz automatisch zeigen.

Sie sind in unserem Gehirn abgespeichert, daher ist der Prozess, eine Gewohnheit abzulegen, teilweise sehr komplex und schmerzhaft. Bereits im Kindesalter übernehmen wir Gewohnheiten und Muster von unseren Eltern und engsten Bezugspersonen. Zusätzlich entwickeln wir über die Jahre hinweg unsere eigenen Muster, die aus unserem Charakter hervorgehen. Sie erleichtern den routinierten Ablauf unseres Alltags, sind aber trotzdem nicht durchweg etwas Positives oder gar Erleichterndes. Die Gewohnheiten, die sich über die Jahre hinweg entwickelt haben, haben immer einen Grund. Es gibt eine Ursache, weshalb sie da sind. Meist überschatten sie unliebsame Gefühle. Du kaust immer an den Fingernägeln, wenn du nervös bist? Dann hat sich das Fingernägelkauen zur Gewohnheit entwickelt, um deiner Nervosität ein Ventil zu geben und diese mit einer Handlung zu überschatten. Daher fühlen wir uns im ersten Moment auch besser, da uns die Gewohnheit von dem Gefühl befreit, das wir nicht fühlen und zulassen wollen. Doch diese kurzzeitige Befreiung von unseren Gefühlen führt nicht zu einer langfristigen Verbesserung der Ursache. Das Gegenteil ist der Fall, denn wenn du deine Gefühle hinter der Gewohnheit versteckst, achtest du aus dem Automatismus heraus nicht auf die Signale, die dir Körper und Geist senden und somit verschlimmert sich die Ursache.

Wieso haften wir nur so sehr an alten Gewohnheiten? Wieso ist es so schwer, sie aufzugeben und zu ändern? Richtig, weil es Gewohnheiten sind! Sie sind in Fleisch und Blut übergegangen und zu einem ganz natürlichen Teil von einem geworden. Sie laufen automatisch ab, ohne bewusste Steuerung. Teilweise wissen wir, dass sie uns auf Dauer nicht guttun und dennoch lassen wir den Autopiloten weiterlaufen. Wie schaffst du es, deine alten Gewohnheiten abzulegen, um ein Leben frei von überschattenden Automatismen zu führen? Nun ja, was bedeutet es, eine Gewohnheit zu haben? Letztlich bedeutet es, dass wir die Gewohnheit nur aus der Gewohnheit heraus befolgen! Und jede Gewohnheit kannst du loswerden. Jede Gewohnheit, die du hast, kannst du verändern. Jedes Muster, das an dir haftet, kannst du ablegen. Zuallererst solltest du dich diesen unliebsamen Gefühlen stellen, die deine Gewohnheiten überschatten.

> Betreibe Selbstbeobachtung – in welchen Situationen zeigt sich die Gewohnheit? Sind es immer die gleichen Gefühle, die du zu unterdrücken oder überschatten versuchst? Oder sind es verschiedene Emotionen mit unterschiedlichen Verhaltensweisen, die sich zeigen? Versuche, deine Muster zu erkennen und sie anzuerkennen, aber bewerte sie nicht.

Sie sind da, so wie sie sind. Erst dann versuchst du, dir bewusst zu machen, dass du sie nicht brauchst. Sie bringen dich nicht weiter, denn alles, was du unterdrückst, äußert sich auf eine andere Art und alles, was du „raus" lässt, ist frei und kann bearbeitet werden. Es befreit dich. Und so wird es dich auch befreien, dich nach und nach von deinen alten Gewohnheiten zu trennen. Gewohnheiten sind hartnäckig und das Gehirn braucht die Routine, doch mit der Zeit wirst du es schaffen, eine neue und vor allem positive Routine zu entwickeln oder du wirst es einfach genießen, die Kontrolle über deine Gefühle selbst in der Hand zu haben, sie offen zu zeigen und dich nicht dahinter zu verstecken.

Diese neu gewonnene Freiheit wird dir viel Raum geben. Altes abzulegen bedeutet, dass Neues entstehen kann. Nur dann ist Platz für Neues, nur dann befreist du dich Stück für Stück und kommst deinem wahren Selbst immer näher. Je schneller du erkennst, welche Muster und Gewohnheiten du ablegen solltest, weil es genau die sind, die deine Weiterentwicklung blockieren, umso schneller darfst du Wunder in deinem Leben erwarten. Dich aus den Fängen der Gewohnheit zu befreien, bietet dir Erleichterung, Freiheit und Raum.

Nur wenn der Raum da ist, kann sich etwas entfalten und das, was sich entfaltet, muss sich frei entfalten können, das ist die günstigste Bedingung, damit etwas Neues entstehen kann.

Hast du schon mal jemanden sagen hören: „Ich bin halt so wie ich bin?" Oder hast du es auch schon selbst über dich gesagt? Ein Stück weit sind wir tatsächlich auch so, wie wir sind, doch die Kunst besteht darin, sich nicht mehr mit diesen alten Mustern und Gewohnheiten zu identifizieren. Diese abzulegen und sich nicht mehr daran zu klammern, bedeutet zu sein. In seiner wahren und reinen Essenz zu sein. Und erst dann sind wir, wie wir wirklich sind – das ist wirkliches Sein. Doch gerade das wirkliche Sein, wie wir sind, ist das, was den meisten von uns Angst bereitet und weshalb wir lieber den sicheren Rückzug und den gewohnten Schutz hinter ihren Gewohnheiten wählen. Doch wahrhaftige Freiheit ist das nicht. Es ist ein Verstecken vor Tatsachen, vor unangenehmen Wahrheiten, vor Themen, die gehört werden möchten. Und ein Verharren in der Bequemlichkeit.

Ich möchte dir gerne von einem Beispiel erzählen: Als ich noch zur Uni ging, hatte ich dort eine Freundin, die damals aufgrund ihrer Lebensmittelunverträglichkeiten über einen längeren Zeitraum auf sämtliche Lebensmittel verzichten musste. Damit sollte es ihr besser gehen. Damals sagte ich zu ihr, dass ich niemals auf all das verzichten könnte, auf das sie verzichten musste. Ich war der festen Überzeugung, es nicht zu können und dass mir dann ein Stück Lebensqualität fehlen würde. Mittlerweile ernähre ich mich vegan und obwohl das viele denken, stellt es keinen Verzicht für mich dar. Im Gegenteil, meine Ernährung stellt sich immer mehr um und entfernt sich von Fertigprodukten und industriell hergestellten Lebensmitteln. Damals ließ mich meine Gewohnheit so empfinden, heute habe ich begriffen, dass sich immer alles im Wandel befinden muss, damit ich weiterkomme. Ich hielt damals so sehr an meinen Essgewohnheiten fest, dass ich an ihnen haftete. Durch meinen Mann lernte ich, neuen Lebensmitteln und verschiedenen Ernährungsformen gegenüber viel offener zu sein und erweiterte dadurch meine Palette an Gerichten, was wiederum die Gewohnheit „auf nichts verzichten zu können" nur noch schürte. Als ich aber aufmerksamer wurde und bemerkte, dass mir die Ernährungsweise gar nicht guttat, änderte ich sehr schnell und viel leichter als erwartet meine Gewohnheiten, damit es mir wieder besser gehen würde. Letztendlich machte ich tatsächlich eine sehr ähnliche Erfahrung wie meine Freundin aus der Uni und musste auf einige Lebensmittel verzichten. Ich lernte daraus, auf meinen Körper zu hören, wenn er mir etwas zu sagen versuchte. Ich lernte, ihm nicht nur zuzuhören, sondern auch, ihn zu verstehen. Mein Bewusstsein erweiterte sich, sodass ich aus diesem Wissen und diesen Erfahrungen eine Entscheidung treffen konnte und mich für eine Ernährungsform entschieden habe, die allem anderen entsprach als dem Gewohnten. Die aber letztendlich viel mehr meinem neuen Bewusstsein und somit auch meiner neuen Moralvorstellung entsprach. Entscheiden wir uns, offen für Veränderungen zu sein, fällt es uns leichter, uns von Glaubenssätzen, Mustern, Gewohnheiten, Menschen zu lösen. Wir erlangen mehr Freiraum, sind flexibler und eröffnen den Raum für Neues: Neue Werte, neue Ernährung, neue Freiheit.

Wie du siehst, es ist alles nur eine Frage der Gewohnheit. Ich verspreche dir, du könntest dich an alles gewöhnen oder besser gesagt, du könntest dir alles, was du dir nur vorstellen kannst, abgewöhnen.

Versuche, dir bewusst zu machen, dass deine *wahre Essenz*, dein wahres Selbst keine *Gewohnheiten* braucht. Es besteht nicht aus Mustern, es befindet sich im *Hier und Jetzt* und lebt aus der Führung des *Herzens heraus*, ohne zu wissen, was als nächstes kommt.

Denn zu wissen, was als nächstes kommt, gibt einem die Gewohnheit vor.

> An welcher Gewohnheit wolltest du schon immer arbeiten? Was wolltest du dir schon immer abgewöhnen? Welche Muster bilden Gewohnheiten? Ist es wirklich notwendig, weiterhin daran zu haften, nur damit du sagen kannst, dass du so bist, wie du bist? Wer wärst du denn ohne diese Gewohnheiten und Muster?

Werde offener, was deine Einstellung angeht. Sei nicht engstirnig und stur, sondern erweitere deinen Horizont, indem du versuchst, immer mehr als nur eine bzw. deine Perspektive einzunehmen. Versetze dich in eine andere Perspektive und versuche, nachzuvollziehen, wie dein Verhalten auf andere wirken könnte. Welche Konsequenzen lösen deine Muster und Gewohnheiten am meisten aus? Die Betrachtungsweise aus verschiedenen Blickwinkeln bietet dir die Möglichkeit, dich objektiver zu betrachten, was dir wiederum die Chance eröffnet, dich ganz neutral gegen das alte Muster zu entscheiden. Muster für Muster, Gewohnheit für Gewohnheit wird sich der Prozess wiederholen und du wirst manches leichter, manches schwieriger lösen können. Mach dich frei von dem Gedanken, dass du so reagieren oder handeln musst, weil du es immer so getan hast. Es ist nicht wichtig, wie du es immer getan hast, entscheidend ist, wie du jetzt, in dieser Situation, handelst.

Gewohnheiten abzulegen, birgt das Risiko des Scheiterns. Denn auch sie geben uns Sicherheit und machen den nächsten Schritt berechenbarer für dich. Du denkst automatisch: „Ach, in einer ähnlichen Situation war ich ja schon, und damals tat ich das so und so, also mache ich das jetzt einfach wieder so." Stattdessen stelle ich mir dann immer die Frage, was ist die Alternative? Die Alternative ist, flexibel und offen an die Situation heranzutreten, auch wenn sie Parallelen zu einer bereits vergangenen Situation hat. Die Umstände ändern sich immer wieder. Wenn du dich immer in die jeweilige Situation hinein denkst und dir die Chance gibst, anders zu handeln, kannst du dich von deinen Gewohnheiten lösen und hast somit die Möglichkeit, weiterzukommen. An deinen Gewohnheiten zu haften bedeutet Stillstand, und Stillstand bedeutet nicht weiterzukommen. Und nicht weiterzukommen bedeutet, dass das Finden deiner Aufgabe noch in weiter Ferne liegt. Was ist dir wichtiger: auf deinem Standpunkt zu beharren, weil du es aus der Gewohnheit heraus bisher immer so getan hast, oder dem Ziel, deine Aufgabe zu finden, einen Schritt näher zu kommen? Möchtest du dich lieber weiterhin auf das Altbekannte verlassen und warten, bis ein Wunder geschieht oder bist du bereit, dich jedes Mal aufs Neue für die Ungewissheit zu entscheiden und Wunder zu empfangen? Das entscheidest du von nun an aus deinem Herzen heraus. Es zeigt dir den richtigen Weg und gibt dir die Antwort, die du brauchst. Das ist die Sicherheit, die du von nun an hast und diese Sicherheit schöpfst du nicht mehr aus deiner Gewohnheit, sondern aus dem Vertrauen dem Leben gegenüber. Alte Gewohnheiten bedeuten nur Stillstand, denke daran.

> Sich in jedem Moment für das Ungewisse zu entscheiden und somit gegen die Gewohnheit, wird Wunder in dein Leben ziehen.

Kommuniziere achtsam

Was ebenfalls Wunder in dein Leben ziehen wird, ist eine ehrliche, empathische und ganzheitliche Kommunikation. Zu reflektieren und einen anderen Blickwinkel einzunehmen, erfordert ebenfalls, feinfühlig zu kommunizieren. Eine empathische Kommunikation erfordert, sich mit ehrlichen und wertfreien Worten auszudrücken und diese auch sich selbst gegenüber zu wählen, aufrichtig und wahrhaftig zu sein, andere und sich selbst nicht anzulügen. Die richtige Kommunikation erfordert ein hohes Maß an vorangegangener Selbsterforschung, aber auch an Selbstbeobachtung und Disziplin. Es bedarf, sich in herausfordernden Situationen gegebenenfalls ein Stück zurückzunehmen und nicht aus der Emotion heraus impulsiv und unbedacht zu antworten und somit nur auf das Gesagte zu reagieren, sondern es bedarf Wissen. Wissen über sich selbst und Wissen darüber, wie wir uns am besten mitteilen. Wissen darüber, was wir überhaupt mitteilen oder erwidern möchten. Dieses Wissen erlangst du durch das Reflektieren verschiedener vergangener Situationen, sowie das Annehmen berechtigter Kritik und das Üben von Achtsamkeit. Achtsam zu kommunizieren bedeutet nicht zwangsläufig, etwas unausgesprochen zu lassen oder es nicht so zu sagen, wie du es eigentlich möchtest. Es bedeutet, präsent zu sein, genau zuzuhören und sich der Absicht deiner Worte bewusst zu sein. Es bedeutet, die Situation mit Abstand zu betrachten und dir daher auch Zeit mit deiner Antwort zu lassen, statt eine

Antwort zu erzwingen, die eventuell nur einer Reaktion entspricht oder zu unbedacht war.

Situativ zu handeln erfordert, Kommunikation richtig zu verstehen. Kommunikation findet auf vielen Ebenen statt, die alle gleichzeitig etwas senden bzw. empfangen. Jeder ausgesprochene Satz enthält eine Botschaft für den Empfangenden. Dieser empfängt die Botschaft in seinem Verständnis. Ob das die Intention des Senders war oder nicht, der Empfangende hat eine Botschaft erhalten und ihr automatisch seine Interpretation in seinem Verständnis verliehen. Gleichzeitig passiert auch etwas auf körperlicher Ebene, denn der Körper ist an der Kommunikation und am Senden und Empfangen beteiligt, er kommuniziert mit. Gestik und Mimik tragen ihre Teile dazu bei, dass du die Botschaft empfängst, wie du sie empfängst, ob das den Sinn erfüllt oder nicht. Gleiches gilt für das Empfangen, denn deine Reaktion gibt deinem Gegenüber bereits eine Antwort, ohne dass du etwas gesagt hast. Die Form der Reaktion über Gestik und Mimik gibt teilweise sogar mehr Aufschluss als die Antwort selbst. Daher sei immer sehr offen und wachsam, wenn du kommunizierst.

Ich könnte dir unzählige Beispiele nennen, wie missverständliche und fehlinterpretierte Kommunikation stattfinden kann. Viel mehr möchte ich dich dafür sensibilisieren, achtsam mit deiner Wortwahl und Interpretation zu sein. Nimm dir Zeit zu antworten, stelle deine Fragen überlegt und verzichte darauf, Zeit und Energie in die möglichen Gedanken und Meinungen anderer zu verschwenden. Vermeide Diskussionen und Interpretationen. Interessiere dich nicht dafür, was andere denken oder denken könnten. Du hast keinen Einfluss auf die Gedanken anderer. Du kannst nicht ändern, was sie denken, das können sie nur selbst. Und wenn sie ihre Gedanken nicht ändern wollen, wirst du

sie auch nur schwer dazu bewegen können. Beginne immer bei dir: „Start with the (wo)man in the mirror!"
Worte haben eine unbeschreibliche Macht. Sie können Leben zerstören und Leben schenken. Unsere Ausdrucksweise ist die Weise, wie wir uns ausdrücken. Wie möchtest du dich zum Ausdruck bringen? Was ist die Intention hinter deiner Wortwahl? In unzähligen Gesprächen läuft Kommunikation einfach schief und führt zu Missverständnissen. Daran ist nie nur einer von beiden schuld. Und die Frage nach der Schuld wird dann wichtiger als die Botschaft an sich und die Diskussion nimmt ihren Lauf. Botschaft vergessen, Streit on fire.

Der Empfangende gibt der Botschaft ebenfalls seine persönliche Interpretation und Bedeutung, die aus der Prägung und Konditionierung der Vergangenheit stammen und in den meisten Fällen automatisch vorhanden sind – ohne zu wählen, ob wir interpretieren möchten oder nicht, tun es bereits unsere Erfahrung und Konditionierung von ganz alleine. Sich darüber bewusst zu werden und immer erst einmal neutral und unvoreingenommen in einem Gespräch zu sein, ist der Schlüssel für gelungene Kommunikation. Frage dich daher:

> Was sind die Schwächen in deiner Kommunikation? Machst du den Mund zu selten auf? Oder platzt alles unüberlegt aus dir heraus? Bist du sehr empfindlich, wenn du Kritik erhältst? Wirst du schnell ausfallend oder beleidigend? Welchen Beitrag könntest du leisten, damit in deinem Umfeld klarer kommuniziert werden kann? Interpretierst du zu viel? Übernimmst du das Denken für die anderen? Oder bewertest du zu häufig das, was zu dir gesagt wird?

All diese Fragen und noch viele weitere habe ich mir ebenfalls gestellt. Ich kam zu dem Entschluss, in Zukunft viel weniger bewerten zu wollen und so unvoreingenommen wie möglich zu sein. Kommunikation ist ein nicht endender Lernprozess. Wir wachsen mit und an unserer Kommunikation. Zum einen entwickeln wir uns weiter und damit entwickelt sich auch die Art, wie wir kommunizieren und zum anderen gibt es immer wieder neue Situationen, die uns herausfordern und unsere Fähigkeiten wachsen lassen. Die Authentizität deiner Kommunikation wird immer bestehen bleiben, doch je achtsamer und bewusster du wirst, desto mehr verinnerlichst du deine Learnings aus der situativen Kommunikation.

Ich wusste schon immer, welche Worte ich wählen musste, wenn ich etwas haben wollte. Ich wusste, wie ich meine Worte charmant einsetzen konnte, um mein Ziel zu erreichen. Ich wusste aber auch schon immer, dass ich dazu neige, verletzend und zu emotional in meiner Wortwahl zu sein. Sei vorsichtig, werde bedachter und achtsamer, werde sensibler und mitfühlender. Habe keine Angst davor, dich zu entschuldigen. Und wenn du merkst, dass du mit der Art und Weise, wie du deine Botschaft vermittelst, nicht weiterkommst, dann wähle einen anderen Weg, deine Botschaft zu erklären. Gib deinem Gegenüber weitere Möglichkeiten, dich zu verstehen. Es ist anstrengend, es kostet Zeit und Nerven, aber es wird sich auszahlen. Es wird automatisch mehr Harmonie entstehen. Verkneife dir auch mal den ein oder anderen Kommentar. Denn nicht jeder Kommentar ist für die Unterhaltung zielführend.

Gleichzeitig versuche nicht mehr zu viel zu interpretieren. Ich habe unzählige Stunden meines Lebens damit verschwendet, mir Gedanken darüber zu machen, wer wann was wie gemeint haben könnte. Und das war zu 98% einfach nur unnötig. Denn wenn du nicht verstehst, wie die Person es meinte, ist es entweder auch nicht wichtig, oder du fragst einfach nochmal nach, wie die Aussage gemeint war. Oder du lässt es so stehen und beobachtest, was als Nächstes passiert. Aber vergeude keine Zeit mit Interpretationen von möglichen Gedanken anderer. Es ist müßig und bringt dich nicht weiter. Im Gegenteil, es wirft dich wieder ein Stück zurück. Und wenn du aufhörst, dich zu fragen, wer was wie wann aus welchem Grund gesagt haben könnte, hast du viel mehr Zeit, deinen eigenen Gedanken zuzuhören und ihre Botschaft zu kommunizieren.

Wähle deine Worte weise, sowohl deine gedachten als auch deine gesprochenen Worte. Denn die richtigen Worte können Massen an Menschen bewegen, mach dir das immer wieder bewusst – Worte haben einen riesige Macht.

Daher unterschätze nicht, wie wichtig es ist, achtsam und feinfühlig zu kommunizieren. Nur, wenn du achtsam kommunizierst, lässt du deinem Gegenüber wenig Interpretationsspielraum und die Wahrscheinlichkeit, dass deine Botschaft klar und wahrhaftig ankommt, ist viel höher. Nur wenn du achtsam mit deinen Gedanken und ehrlich zu dir selbst bist, kannst du deine Wünsche, Gefühle, Meinungen und Gedanken auch klar äußern. Nur durch achtsame, aufrichtige, feinfühlige und klare Kommunikation vermeidest du Missverständnisse, Verletzungen und unnötige Negativität.

Nur wenn du klar
nach dem *Weg* fragst,
erfährst du,
in welche *Richtung* du
gehen musst.

Löse innere Widerstände

Zu wissen, wie du empathisch mit dir selbst kommunizierst, wird Heilung in dein Leben bringen. Heilung wird dich auf dem Weg zu dir selbst begleiten, wenn du aufrichtig und achtsam mit dir selbst kommunizierst. Bevor du deine innere Reise zu deinem wahren Selbst fortsetzt, mache eine Art Bestandsaufnahme und frage dich, was dich blockiert. Gehe mit dir ins Selbstgespräch und spüre in deinen Körper hinein.

> Wo liegen deine Engpässe? Was bereitet dir im Alltag oder beim Sport beispielsweise oft Schwierigkeiten? Was fällt dir auf, wenn du deinen Körper beobachtest? Was kannst du in stressigen oder angespannten Momenten spüren? Und wo spürst du das? Bist du oft verspannt und bekommst möglicherweise häufig Kopfschmerzen? Was nimmst du wahr, wenn du dich selbst beobachtest?

Blockaden auf körperlicher Ebene können viele Gründe haben. Doch die Ursachen liegen meist tiefer. Hattest du kürzlich Kummer, Herzschmerz oder einen Streit? Bist du unzufrieden mit deinem Job? Fühlst du dich alleine oder hattest du einen Rückschlag, den du noch verarbeiten musst? Was belastet dich emotional? Gehe nun eine Ebene tiefer, um herauszufinden, wie sich die Verbindung zwischen den körperlichen Symptomen und deinen Gefühlen aufbaut. Gehe in einen inneren Dialog mit dir selbst und rufe all die

Gefühle ab, die tief in dir stecken. Was sind das für Gefühle und wo kommen sie her? In welchen Situationen kommen sie wieder hoch und in welchen möchtest du sie vielleicht sogar lieber verstecken? Stehen diese Gefühle wiederum in Verbindung mit deinem Charakter? Denn von hier kannst du sogar noch eine Ebene tiefer gehen und deinen Blockaden im wahrsten Sinne des Wortes auf dem Grund zu gehen. Gibt es Eigenschaften an dir, die dich immer wieder zurückhalten und somit immer wieder Hindernisse erzeugen? Gibt es Situationen, Personen oder Erinnerungen und Emotionen, die dir immer wieder das gleiche Gefühl geben, sodass du immer wieder gleich reagierst? Löst du durch diese Reaktion vielleicht eine Blockade aus? Oder sind es die zuvor genannten äußeren Umstände, die die Blockade auslösen?

Es kann ein langer Prozess sein, hinter deine Blockaden zu blicken, um die Gründe dafür zu erforschen. Beginne Schritt für Schritt, dich in allem, was du tust, sagst und denkst zu beobachten. Versuche, dies nicht krampf- oder gar zwanghaft zu machen. Sondern auf eine gesunde und natürliche Art. Wann immer dir ein Muster auffällt, beobachtest du die Reaktion darauf. Vielleicht sind es ganz offensichtliche Charaktereigenschaften, die dich immer wieder einschränken und du weißt genau, wo du anknüpfen musst. Vielleicht sind es immer wieder die gleichen Personen oder Themen, die dich triggern. Dann setze genau da an und hinterfrage, warum das so ist. Warum triggert dich die Person oder das, was sie gesagt hat? Wieso triggern dich immer wieder die gleichen Situationen? Wo liegt die Ursache für die Triggerpunkte? Ist manches ein Überbleibsel aus deiner Kindheit oder doch auf aktuelles Geschehen zurückzuführen?

Schon von Kindesalter an beginnen wir, energetische Blockaden aufzubauen. Sie entstehen, ohne dass wir etwas davon mitbekommen. Manche lassen sich lösen, manche setzen sich fest. Es kann Jahre dauern, bis sich emotionale oder energetische Blockaden auflösen. Sie sind unvermeidbar. Selbst wenn wir denken, alle gelöst zu haben, bringt das Leben weitere Herausforderungen mit sich, die neue Blockaden entstehen lassen können. Nur wenn wir integer unsere innere Welt leben, schaffen wir es, den Einflüssen der äußeren Welt standzuhalten, um die ein oder andere neue Blockaden oder Dysbalance zu vermeiden. Die Kunst besteht darin, achtsam durch sein Leben zu gehen und zu wissen, dass energetische Blockaden immer wieder entstehen können, um sich dann bewusst dagegen zu entscheiden. Denn du entscheidest, was du auf welche Art und Weise an dich herankommen lässt. Sich immer wieder dazu zu entscheiden, alles abzugeben, um keine Blockaden entstehen zu lassen, wird dir dabei helfen, in deinem inneren Frieden verweilen zu können.

Emotionale Blockaden zu lösen, ist keine einfache Aufgabe. Es gibt Themen, Ereignisse und Emotionen, die so fest und tief in unserem System sitzen, dass sie sich bereits auf körperlicher Ebene äußern und sichtbare Spuren oder spürbare Symptome hinterlassen. Eine energetische Blockade kann ganz plötzlich durch ein einschneidendes Erlebnis oder eine starke Emotion entstehen. Ein geplatzter Wunsch, ein nicht realisierter Traum, ein schmerzhafter Moment, Enttäuschung, Frust, Wut, Trauer, Angst – all dies und noch vieles weitere können der Auslöser für solch eine Blockade sein. Die Blockade ist von alleine entstanden und ruht nun auf dem Grund deiner Seele. Sie ruht dort so lange, bis sie sich entscheidet, Schicht für Schicht nach oben an die Oberfläche vorzudringen und sie in Form eines spezifischen Symptomes zu zeigen.

Es kann sich dabei um eine Art Bewegungssperre handeln, was bedeutet, dass etwas zum Stillstand kommt, weil es sich nicht weiterbewegen kann. Körper oder Geist möchten gerne weiter, doch die Bewegung kommt zum Erliegen. Es gibt verschiedene Blockaden, doch die meisten erfolgen zuerst auf emotionaler und mentaler Ebene und äußern sich erst später in körperlichen Symptomen. In der Regel nehmen wir erst die körperlichen Symptome wahr, weil sie viel deutlicher sind. An diesem blockierten Punkt kommt nun nämlich keine Energie mehr durch und der Körper ist nicht mehr frei und unbeschwert. Natürlich kannst du die körperliche Blockade behandeln, doch damit ist die Ursache noch lange nicht behoben.

Deine emotionale Blockade wird sich einen anderen Weg, ein anderes Ventil suchen und somit entstehen andere körperliche Symptome, und das geht so lange so weiter, bis du dich der Ursache stellst. Du kannst den Kampf nicht gewinnen, das traumatische Erlebnis wird dich immer wieder einholen und sich auf irgendeine Art zeigen – und die Frage, die sich mir da stellt, ist: Zu welchem Preis? Wieso nimmst du es in Kauf, gegen dich selbst einen Kampf zu führen? Du wirst ihn nicht gewinnen. Du wirst nicht als Sieger:in mit dem großen Preis nach Hause gehen. Sondern mit Schmerzen und weiteren Wunden. Und somit auch mit weiteren energetischen Blockaden, die sich auf körperlicher Ebene irgendwann in Krankheiten äußern und an die Oberfläche treten können. Mittlerweile werden wir immer offener, unsere körperlichen Symptome zu hinterfragen, um zu verstehen, woher sie kommen und welche Zusammenhänge sie bilden. Denn wie schon gesagt, oft erfolgt zuerst die emotionale Wunde, die sich ihren Weg nach oben an die Oberfläche bahnt und durch den Körper durch muss. Da sich das weder für den Körper noch für den Geist gut anfühlt, machen wir dicht. Wir schieben einen Riegel vor. Wir haben automatisch unseren natürlichen Selbstschutz aktiviert und wollen den Schmerz nicht nochmal fühlen müssen. Wenn dieser Selbstschutz aktiviert ist, blockiert er uns und kann zu einer Mauer werden. Ist die Mauer gebaut, sehen wir nicht mehr, wer oder was auf der anderen Seite der Mauer auf uns wartet. Wir erkennen nicht, wer sanft daran zu kratzen wagt und wer sich mit voller Wucht mit der Schulter voran dagegen schmeißt. Wir sehen nur noch die Menschen und Situationen, deretwegen wir die Mauer überhaupt errichtet haben. Wir erkennen die Ursache nicht, handeln allerdings aus einer verletzten Emotion heraus. Die Konsequenz daraus ist weiterer Schmerz auf verschiedenen Ebenen. Und dann kommt der Zeitpunkt, an dem wir denken, dass es vielleicht sogar besser ist, diese Mauer stehen zu lassen. Wir glauben, die Mauer zu brauchen und dass sie einen Schutz darstellt, dass es uns mit ihr sogar besser geht. Dabei bemerken wir nicht, dass diese Gedanken unsere Mauer immer höher werden lassen. Tu das nicht. Verkrieche dich nicht hinter deiner Mauer und warte auch nicht darauf, dass sie jemand anderes zum Einsturz bringt. Du bist der einzige Mensch, der das schaffen kann. Es wird Menschen geben, die sanft daran kratzen oder sich auch mit voller Wucht dagegen werfen werden, weil sie dich trotz der Mauer sehen. Sie erkennen dein Potenzial, deinen Wert. Und aus diesem Grund wollen sie dir helfen, die Mauer zum Fall zu bringen. Sei diesen Menschen nicht unfair gegenüber, denn das sind diejenigen, die dir nach dem Abriss helfen, einen gesunden Selbstschutz zu entwickeln. Es sind die Menschen, die dich sehen wollen und nicht durch eine Wand hindurch mit dir kommunizieren wollen. Gib ihnen eine faire Chance, durch deine Mauer hindurch zu kommen, damit du ihre Hand greifen kannst und es somit schaffst, deine Mauer zum Einsturz zu bringen. So wie du für den ersten Stein der Mauer verantwortlich warst, so bist du es auch für den ersten Schlag. Nur du kannst die Entscheidung treffen, dich von deiner Mauer und somit auch von deinen Blockaden zu befreien. Klettere die Mauer hoch und ich versichere dir, dass die andere Seite dahinter gar nicht so schlimm ist. Vertraue darauf, dass dich dein Leben belohnen wird, sobald du deine Mauer nicht mehr hast. Du brauchst dich auch nicht zu stressen oder unter Druck zu setzen. Du kannst lernen, zu vertrauen – Schritt für Schritt und vor allem in deinem Tempo. Jede und jeder von uns hat sein eigenes Tempo und das ist auch gut so. Lass dich bei deinem Abriss nicht hetzen und vor allem, lass dir keine neuen Steine andrehen. Nimm die helfende Hand auf der anderen Seite der Mauer und reißt sie gemeinsam ein. Denn eine Mauer bedeutet, dass man von beiden Seiten nicht hindurch kommt. Wenn niemand zu dir durchkommen kann, weil du deine Schutzwand errichtet hast, wie willst du dann von der anderen Seite etwas bewirken? Wie willst du deine Aufgabe im Leben finden, wenn du hinter einer Mauer stehst?

Seine Mauer einzureißen, bedeutet nicht, dass wir uns damit wieder verwundbar machen. Eine Mauer bietet nicht die Art von Schutz, die du dir erhoffst. Eine Mauer blockiert dich nur.

Stell dir wieder vor, du bist deine Reise angetreten und hast dich auf den Weg gemacht. Und du siehst, dass du dich mit jedem Schritt einer Mauer näherst. Was denkst du? „Mist, da ist 'ne Mauer!", oder? Ja, klar! Das würden wir alle denken. Und dann suchst du einen Weg durchzukommen. Du schaust nach einem Loch, einer Tür, einem Durchgang. Nichts davon ist in Sicht. Du überlegst dir, wie du sie am besten überwindest, um auf die andere Seite zu kommen. Was glaubst du, was die Lösung für unsere metaphorische Mauer ist?

Sicherlich könntest du auch an der Mauer entlang den Weg gehen, der außen herumführt. Doch weißt du, wie lang dieser Weg ist? Weißt du, wo er hinführt? Weißt du, was dich auf deinem Umweg erwarten wird?

Oft sind Umwege gar nicht so verkehrt. Wir lernen Neues kennen, stoßen auf spannende Herausforderungen und kommen ungeahnt doch ans Ziel. Aber manchmal gibt es keinen passenden Umweg. Manchmal gibt es nur einen Weg. Und das ist die Herausforderung und gleichzeitig auch die Frage, die du dir dann stellen darfst: Wie reiße ich meine Mauer ein? Die Antwort lautet: indem du loslässt, was dich blockiert. Das erfordert Mut. Mut, sich seinen Themen zu stellen und den Schmerz nochmal zuzulassen. Es bedeutet nicht nur, die Symptome zu lindern, sondern die Ursache herauszufinden und dir selbst die Möglichkeit zu geben, diese zu heilen. Heile die Ursachen all der Themen, die dich blockieren und deine Mauer reißt von ganz alleine ein. Deine Mauer schwindet mit jedem Mal, mit dem du dich mutig an die Ursache wagst. Dein Mut und Fleiß werden in Form eines gesunden Selbstschutzes belohnt, in Form von Freiheit und Leichtigkeit, in Form von Gesundheit – auf allen Ebenen.

> Was ist die Ursache für deinen Schmerz, für deinen Kummer, für deine Sorgen? Wieso äußert sich die Ursache in der Form, in der du sie wahrgenommen hast? Und was hindert dich daran, dich der Ursache zu stellen?

Du weißt, du wirst belohnt werden. Sobald du die Ursache festgestellt, gelöst und geheilt hast, erwartet dich Freiheit auf allen Ebenen – warum also wagst du dann nicht einen mutigen Versuch? Sei mutig, sei tapfer. Lass all die Emotionen zu, die du fühlst, wenn du an die Ursache denkst und lass sie in Frieden und Dankbarkeit gehen. Egal, wie schlimm sie sein mag, lass sie immer in Dankbarkeit und Frieden gehen, denn nur dadurch konntest du überhaupt zu dem Menschen werden, der du jetzt bist. Und wärst du nicht dieser ganz besondere Mensch, der du bist, wärst du nicht hier: hier auf deiner Reise zu dir selbst, auf deiner Reise zu deiner Seelenaufgabe und dem Sinn deines Lebens. Glaube an dich und habe Vertrauen in deinen Mut. Denn wenn alles im Fluss ist, bist du stärker als jede Blockade es je war. Und du bist stärker für deinen weiteren Weg.

◆ Stelle dich deinen Herausforderungen

Du brauchst Mut und Stärke für deinen weiteren Weg, denn dort werden dich einige Herausforderungen erwarten. Entscheidest du dich dafür, deine Reise anzutreten, dann gehören Herausforderungen zum persönlichen Wachstum dazu. Ob große oder kleine, ob schwierigere und leichtere Herausforderungen, sie werden da sein und auf uns warten. Ob du sie überwinden wirst oder nicht, entscheidest du. Denn es kommt darauf an, was du aus ihnen machst. Wie du dich entscheidest und was du daraus lernst, ist das, was dich wachsen lässt.

Es gibt kein Leben ohne Herausforderungen. Es wird sie immer geben, selbst wenn du dort angekommen bist, wo du sein möchtest und wo du hingehörst. Selbst dann warten weitere Herausforderungen auf dich. Sie werden komplexer und tiefer sein. Doch die Angst vor ihnen wird weniger. Du hast den Sinn und das Prinzip der Herausforderungen verstanden und wirst ganz anders mit ihnen umgehen können. Sie werden dich nicht mehr stressen oder verängstigen. Du wirst positiv daran gehen, dich ihnen viel lösungsorientierter stellen können und du wirst das Vertrauen entwickelt haben, dass tief in dir das Wissen ist, dass sie nur zu deinem Besten sind.

Das Wort „Herausforderung" erklärt sich im Grunde genommen von selbst. Du wirst herausgefordert. Herausgefordert in einer dir bisher unbekannten Situation, eine

Entscheidung zu treffen, deren Konsequenzen nur du abschätzen und erahnen kannst. Wie deine Entscheidung ausgehen wird, ist ungewiss. Die Ungewissheit verunsichert dich, wodurch es dir schwerer fällt, deine Entscheidung zu treffen. Die Situation fordert von dir etwas, das du nicht weißt, kannst oder kennst. Das ist die Schwierigkeit einer Herausforderung: eine Entscheidung zu treffen, ohne zu wissen, was dich danach erwartet.

Doch was ist der Grund, weshalb herausfordernde Situationen einem so viel abverlangen? Meistens ist es ein emotionales Thema, eine Verletzung der Vergangenheit, ein altes Muster, ein Test des Universums, das dich triggert. Noch viel mehr ist es aber eine Herausforderung, eine Chance. Eine Chance zu wachsen.

Uns wurde vorgelebt, dass Ungewissheit etwas Negatives hervorbringen kann. Dass wir lieber auf Nummer sicher gehen und beim Gewohnten oder Altbekannten bleiben sollten. Dabei stimmt das nicht unbedingt. Wachstum passiert genau da, wo es weh tut. Bei dem zu bleiben, was du kennst, was du gewohnt bist, was du antrainiert bekommen hast, ist bequem und bedeutet nicht Wachstum. Wachstum bedeutet, die Entscheidung selbst zu treffen. Die Entscheidung zwischen Altbekanntem und Neuem kann bereits eine Herausforderung darstellen. Oder die Entscheidung zwischen zwei oder sogar mehreren Auswahlmöglichkeiten. Solche Situationen verlangen uns viel ab, weil uns ein tief sitzendes Muster des Altbewährten und Vertrauten blockiert und wir gegen diese Blockade vorgehen müssen. Gleichzeitig erfordert die Situation, dass wir uns der Ungewissheit stellen müssen. In solchen Herausforderungen haben wir keine andere Wahl, als auf unser Bauchgefühl, unsere Intuition zu hören und der Ungewissheit Vertrauen zu schenken. Es bleibt nichts anderes übrig, als eine Entscheidung zu treffen. Und so oder so soll es genauso sein, wie es gerade passiert.

Warum also nicht deinen Mut zusammennehmen und dich der Herausforderung stellen? Denn egal, wie du dich entscheidest, du entscheidest dich immer richtig. Wenn du mit dieser Einstellung deine nächste Entscheidung triffst, wirst du merken, dass es dir viel leichter fällt und dass du besser mit dem Gefühl der Ungewissheit umgehen kannst, denn du hast dich automatisch dazu entschieden, Vertrauen in deinem Leben zu haben und dich leiten zu lassen. Und das lässt dich wachsen, das bringt dich auf deinem Weg voran – das Vertrauen in die Ungewissheit und somit auch in dein Leben. Welch schönes Gefühl, oder?

Leider begreifen wir oft erst spät im Leben, dass uns jede Herausforderung weiterbringt. Zuerst reagieren wir wie gewohnt mit Ablehnung und agieren mit Widerstand. Doch auf Ablehnung erfolgt Ablehnung und Widerstand erzeugt Widerstand. Gegen die Herausforderung anzukämpfen und die Veränderung abzulehnen, bewirkt das Gegenteil von dem, was du möchtest, nämlich weiterkommen. Durch Ablehnung und Widerstand wird sich der Test des Universums so lange wiederholen, bis wir bereit sind, etwas zu ändern und uns mutig der Herausforderung zu stellen, statt vor ihr wegzulaufen. Wachse über dich hinaus, indem du dich der Herausforderung stellst und zeigst, dass du dem Lauf deines Lebens vertraust.

Herausforderungen sind Tests des Universums, um zu sehen, ob du auf deinem bisherigen Weg bereits gelernt hast, zu vertrauen, und ob du für den nächsten Schritt schon bereit bist oder ob du doch noch etwas Zeit benötigst. Solltest du noch Zeit benötigen, wirst du sie bekommen und du wirst dich erneut dieser Herausforderung stellen müssen, auch wenn sie dann anders aussehen mag. Es geht immer noch um denselben Schritt. Solltest du bereit für den nächsten Schritt sein, dann bist du auch bereit, dich der Herausforderung zu stellen und vertrauensvoll und gewissenhaft deine Entscheidung zu treffen. Du wirst an deiner inneren Einstellung und deiner Reaktion merken, ob du bereit bist, dich der Herausforderung zu stellen und im Vertrauen zu leben, oder nicht.

Du bist bereit, wenn du die Herausforderung annimmst, wenn du dich ihr stellst, ihr mutig und entschlossen in die Augen schaust und zu dir selbst sagen kannst: ICH BIN BEREIT. Du wirst es fühlen und du wirst spüren, dass der Zeitpunkt gekommen ist, deinem Bauchgefühl, deiner Intuition zu vertrauen und deine Entscheidung zu treffen. Alles beginnt damit, dein Leben anzunehmen, es zuzulassen und zu akzeptieren. Das ist die Voraussetzung, damit es weitergehen kann. Es ist ein Prozess, den wir lernen können. Ein Baby kann nicht einfach loslaufen. Laufen lernen ist ein Entwicklungsprozess. Zuerst lernst du zu krabbeln, dann dich aufzurichten und irgendwann kommt der Zeitpunkt, an dem du deinen ersten Schritt machst. Und mit dem ersten Schritt entwickelst du deine Fähigkeiten von Tag zu Tag weiter. Die Schritte gewinnen an Sicherheit, die Strecken werden länger und die Sicherheit wird immer spürbarer. Auf einmal scheint alles ganz von alleine zu gehen. So verhält es sich auch mit dem Entwicklungsprozess deines persönlichen Wachstums. Es wird sich etwas verändern, du wirst etwas zurücklassen müssen und du wirst weiterkommen. Du wirst dich Herausforderungen ohne Angst stellen können, du wirst dich weiterentwickeln und du wirst lernen, dem Leben zu vertrauen. Du wirst es schaffen, deine alte Version hinter dir zu lassen und dich in deiner neuen Version, deinem höheren Selbst zu entfalten. Das Leben ist ein Prozess, ein nie endender Entwicklungsprozess, der immer wieder neue Herausforderungen bereithält und dir immer wieder zeigt, wie grenzenlos und wunderschön Vertrauen sein kann.

Jede Herausforderung, der ich mich gestellt habe, hat mich über mich selbst hinauswachsen lassen. Was mich wiederum stärker gemacht und gleichzeitig meinen Horizont erweitert hat. Es hat mir gezeigt, keine Angst vor einer Entscheidung haben zu müssen und auch nicht vor möglichen negativen Konsequenzen. Es hat mir gezeigt, dass selbst eine negative Konsequenz ihren Sinn in sich trägt und sich irgendwann zu etwas Positivem wandeln kann. Es hat mir gezeigt, wie leicht es ist, zu vertrauen und sich vom Leben leiten zu lassen. Es hat mir die Grenzenlosigkeit des Ungewissen gezeigt und welche wunderschönen Dinge die Ungewissheit hervorbringt.

So wie wir alle musste auch ich mich einigen größeren Herausforderungen in meinem Leben stellen und lernen, sie zu akzeptieren, um sie zu meistern. In den jeweiligen Momenten hatte ich immer das Gefühl, etwas falsch gemacht zu haben. Und habe meine ganze Energie darauf vergeudet, mich zu fragen, warum ausgerechnet mir das passieren musste. Ich sah mich immer als Opfer meines eigenen Lebens. Ich hatte die Opferrolle verinnerlicht und gelebt. Ich wollte meinen sturen Kopf durchsetzen und nie erkennen, dass eine Herausforderung letztlich nur eine Entscheidung darstellt. Eine Entscheidung, die nur Vertrauen erfordert. Doch meine Sturheit brachte mir bei den meisten Herausforderungen leider nichts. Es bringt dir nichts, verbissen an eine Situation heranzugehen und eine Entscheidung erzwingen zu wollen. Um eine Herausforderung zu überwinden, bedarf es Klarheit, Aufgeschlossenheit und Feingefühl, Mut, Entschlossenheit und allem voran Vertrauen. Du musst annehmen und abwägen können, loslassen und vertrauen können. Und vor allem solltest du dich schnellstmöglich von der Opferrolle verabschieden. Wir entscheiden und nicht die anderen. Wir sind für unsere Entscheidungen verantwortlich, nicht die anderen. Die Entscheidung liegt immer bei dir und somit entscheidest du auch über den nächsten Schritt.

Wie soll der nächste Schritt für dich aussehen? In der Regel stellen wir uns diese Frage nicht in einer herausfordernden Situation oder Phase, sondern wir gehen direkt in die Bewertung oder treffen aus Druck heraus, teilweise unreflektiert, die Entscheidung. An dieser Steller lohnt es sich, wieder die Beobachterposition einzunehmen und zu reflektieren und all den Bewertungen äußerer Umstände keine Gelegenheit zur Ablenkung zu liefern. Lerne eine Herausforderung zu erkennen, analysiere die Situation, wäge die Entscheidungsmöglichkeiten ab, stelle dich mutig der Herausforderung und triff deine Entscheidung. Du wirst zu dem Zeitpunkt vielleicht noch nicht alles verstehen, aber genau darin besteht in der Regel der Kern einer Herausforderung: Wir müssen eine Entscheidung treffen und wissen nicht so recht, wieso und vor allem nicht, was danach passiert. Wir können die Folgen eventuell abschätzen, aber was letztendlich eintritt, können wir nicht mit Garantie voraussagen. Das Vertrauen in unsere eigene, mutige Entscheidung und das Stellen der Herausforderung wird mit persönlicher Weiterentwicklung belohnt.

Oft verstand ich erst Jahre später, wieso Dinge nicht so passiert sind, wie ich sie mir damals von Herzen gewünscht hatte und wieso ich diese tiefen Schmerzen fühlen musste.

In einigen Fällen erfüllen sich deine Wünsche nicht, weil sie nicht das sind, was das Leben für dich vorsieht und somit etwas Passenderes auf dich wartet. Oder aber du bist noch nicht bereit. Also trauere nicht zu sehr den „falschen" Entscheidungen hinterher! So falsch können sie gar nicht gewesen sein. Letztendlich ist es so, wie es ist, auch vermeintlich falsche Entscheidungen gehören einfach dazu. Sie sind Teil deines Weges, deines Entwicklungsprozesses. Wir alle haben einen individuellen Lebensweg, der unterschiedliche Schritte und Abschnitte für uns bereithält. Wir alle haben unsere Herausforderungen und treffen unsere Entscheidungen. Wir alle haben die Wahl, im Vertrauen zu leben und uns zu trauen, den Schritt in die Ungewissheit zu wagen.

Versuche, alle Herausforderungen dankend anzunehmen und das Beste aus ihnen zu machen. Was bleibt dir anderes übrig? Die Alternative wäre welche? Frustriert oder verbissen zu sein und aus der Frustration nicht mehr herauszukommen und demnach festzustecken? Willst du das?
Vor allem beruflich habe ich mir oft die Frage gestellt: Was ist die Alternative? Ich konnte da bleiben, wo ich war oder ich hatte die Möglichkeit, es einfach zu wagen. Was mich wahnsinnig viel Mut und Überwindung gekostet hatte. Denn ich musste jedes Mal und auch als Yogalehrerin neu anfangen. Ganz abgesehen davon besteht natürlich auch immer die Möglichkeit, zu scheitern und am Ende nicht das gewünschte Ergebnis zu erhalten, aber von dieser Angst konnte ich mich schnell befreien.
Oder ich hatte die Alternative, Angebote einfach nicht anzubieten. Aber jetzt frage ich dich: Was hat mich weitergebracht? Angebote mutig in Eigenregie anzubieten und zu schauen, was sich draus entwickelt? Oder es zu lassen

und zu warten, bis sich eine sichere Alternative ergibt? Mir hilft es immer, wenn ich vor einer herausfordernden Entscheidung stehe – oft ist das Treffen der Entscheidung bereits die Herausforderung an sich – mir die Alternative vor Augen zu führen und mich dann zu fragen, was von beiden ich lieber haben möchte.

Zudem wird dich das Universum immer wieder herausfordern, bis du letztendlich bereit bist und verstanden hast, was für den nächsten Schritt notwendig ist. Im Leben weiterzukommen bedeutet, Herausforderungen anzunehmen, sich ihnen zu stellen, aus Erfolgen wie auch aus Misserfolgen zu lernen und fleißig zu sein. Sei fleißig, gehe mit offenen Augen und Ohren durch dein Leben, hinterfrage die Ereignisse, nimm alles dankend an, lasse los, was du nicht mehr brauchst, genieße dein Leben und übe dich in Geduld. Mach dich frei von Druck, Erwartungshaltungen, Oberflächlichkeiten und Bewertungen – vor allem in Bezug auf dich selbst. Stell dir immer wieder die Frage, was deine Alternative ist und triff deine Entscheidung. Du wirst weiterkommen und wenn nicht, dann war es ein Test, an dem du gescheitert bist. Und soll ich dir was sagen? Das ist halb so schlimm, weil dann das Richtige auf dich wartet. Ich bin an unzähligen Tests gescheitert. Und dann zum richtigen Zeitpunkt meisterst du die Herausforderung. Das wiederum gibt dir den Mut, Entscheidung für Entscheidung deinen Weg weiterzugehen. Glaube es mir.

Frage dich immer:
Was ist die *Alternative?*

Auch ich habe es geschafft, all die Herausforderungen, die mich bis hierher auf meiner Reise erwartet haben, zu überwinden. Vor allem habe ich eine Extra-Extraeinladung gebraucht, als es darum ging, Unterstützung anzunehmen und mich dem Leben anzunehmen, mich ihm hinzugeben. Manche Situationen schaffen wir nicht alleine und das sollten wir auch gar nicht erst versuchen oder müssen. Meistens besteht die Herausforderung darin, zu erkennen, dass wir Unterstützung brauchen und diese annehmen sollten. Die Menschen, die du liebst, spielen immer eine Rolle in etwas Großem. Sie bieten Hilfe und Unterstützung an, sie leiten und führen dich aus der Dunkelheit ins Licht. Gleichzeitig stellen diese wichtigen und besonderen Menschen meist selbst eine Herausforderung dar. Sie sind dein Spiegel, wollen nur dein Bestes und sind bereit, alles für dich zu tun und dich vor dem Negativen dieser Welt zu schützen. Das alles zu erkennen und zuzulassen, ist die Herausforderung, die Liebe mit sich bringt – die Liebe zu besonderen Menschen, die immer eine Rolle in etwas Großem spielen werden. Wahre und reine Liebe besteht nicht nur darin, Spaß und Freude zu haben, sondern auch darin, sich gegenseitig herauszufordern und damit meine ich begleitend, unterstützend und vorausschauend im Interesse des anderen. Eine Herausforderung für dich stellt auch eine Herausforderung für deine:n Partner:in dar. Und stellt dein:e Partner:in eine Herausforderung an sich dar, dann nur, weil du diese Person liebst und dich entschieden hast, die Herausforderung der Liebe anzunehmen. Frage dich immer: Was wird mir gerade gespiegelt? Und nimm auch alle weiteren Prüfungen an, die du innerhalb dieser Herausforderung erhältst und denke immer daran: Alles geschieht für dich und nicht gegen dich. Das ist keine Spiri-Floskel, sondern eine Lebenseinstellung. Ein schwerer Verlust, dem du nichts

Gutes abgewinnen kannst, lässt dich dennoch wachsen. So schwer es ist, du wächst daran.

Es ist in allen Bereichen deines Lebens so. Auch wenn du deine Aufgabe gefunden hast, bringt es weitere Herausforderungen mit sich. Genauso wie es auch herausfordernd ist, sein wahres Selbst gefunden zu haben. In Wahrheit ist deine Reise auch dann noch nicht vorbei. Hast du dich dazu entschieden, dich weiterzuentwickeln? Dann bleibt es ein Leben lang und du wirst nie stehen bleiben und das ist ein Geschenk! Ein Geschenk, dein Leben in seiner Fülle, die es für dich bereithält, leben zu dürfen. Alles geschieht für dich und nicht gegen dich. Es fühlt sich vielleicht jedes Mal im ersten Moment so an, aber genau darin besteht der Test.

> Wie gehst du mit der Situation um, die sich zuerst unangenehm anfühlt? Was machst du? Und was nimmst du im Anschluss mit auf deinen Weg?

Teilweise sind es immer wieder kleinere Herausforderungen und sie kommen dir immer wieder bekannt vor. Du hast das Gefühl, schon 100 Mal an diesem Punkt gewesen zu sein? Dann überlege dir, ob es nur ein Gefühl ist oder ob du wirklich schon einige Male die gleiche Prüfung erhalten hast. Wiederholen sich die Situationen, dann hast du die richtige Entscheidung noch nicht getroffen und es geht an dieser Stelle nicht weiter. Überlege dir dann, was du dafür tun kannst, dass es nicht erneut zu dieser Situation kommt und du in diesem Abschnitt endlich den lang ersehnten nächsten Schritt machen kannst. Wenn du dich einem Test schon mehrmals unterziehen musstest, hast du jedes Mal etwas daraus gelernt. Setze die gelernten Puzzleteile zusammen und stelle dir folgende Fragen: Was ist mein Ziel oder mein Wunsch auf die Herausforderung bezogen? Was will das Universum von mir sehen? Welche Entscheidung soll ich treffen? Welche Herausforderung ist es, an der ich immer wieder scheitere?

Und vor allem: Hab Geduld! Nicht alles im Leben zeigt sich sofort. Auch wenn du an einer Herausforderung gescheitert bist, hat genau dieses Scheitern einen positiven Effekt auf deinen Weg. Im ersten Moment wirst du das nicht sofort erkennen, aber irgendwann wird es dir bewusst. Irgendwann siehst du das Gesamtbild und erkennst die Puzzleteile, die zusammengehören. Du siehst, welche noch fehlen und dir wird klar, wo du die fehlenden Puzzleteile herbekommst. Aber so oder so, du brauchst Geduld. Du brauchst Geduld und Durchhaltevermögen, deine Herausforderungen zu meistern und ihren Sinn und ihre Konsequenzen zu verstehen. Du bekommst immer die Antwort, die du brauchst, zu dem Zeitpunkt, an dem sie dich weiterbringen. Und wenn du keine bekommst, ist die Antwort möglicherweise nicht relevant für deinen Weg. Es ist wirklich so einfach, wie es klingt.

> Welche Situation stellte zuletzt eine Herausforderung für dich dar? Und wieso kam es zu dieser Situation? Wie hast du reagiert? Was hast du gemacht? Hast du die Herausforderung gemeistert oder wiederholt sie sich bereits? Wie hast du dich entschieden?

Auch wenn du nicht verstehst, wieso, weshalb, warum: Gehe die herausfordernden Momente deines Lebens noch einmal durch und versuche, dich im Alltag in Achtsamkeit und Gewahrsein zu üben, sodass du bei der nächsten Herausforderung weißt, wie du am besten die Beobachterposition einnehmen kannst, um dich stark und selbstbewusst der Herausforderung stellen zu können. Trau dich! Und vor allem, schau nicht weg. Es ist ein Test, den du nur bestehen kannst.

# Sprich es aus

Eine Entscheidung zu treffen, bringt Veränderung mit sich. Wenn du achtsam und mit Klarheit an Herausforderungen heran trittst, brauchst du auch keine Angst mehr vor möglichen negativen Konsequenzen zu haben. Die Veränderung braucht dich nicht zu beunruhigen, wenn du dir über das Was im Klaren bist. Wenn du weißt, was du willst, dann sprich es aus. Alles, was du aussprichst, kann bearbeitet werden. Es wird von einer höheren Macht, deinem Higher Self, von einem Menschen, der dich unterstützen möchte, von der allgegenwärtigen liebevollen Energie oder vom Universum bearbeitet. Lerne, Vertrauen in deine Worte hineinzugehen und wähle sie achtsam. Eine achtsame Wortwahl kann so kraftvoll sein, so magisch und wirkungsvoll. Mit der zu dir passenden und achtsamen authentischen Wortwahl hast du die Chance, dich voll und ganz auf das Was zu konzentrieren und das Wie vertrauensvoll an die höhere Kraft zu übergeben. Du brauchst dir keine Gedanken mehr um das Wie zu machen. Wir lassen uns gerne von den Gedanken rund um das Wie ablenken und verlieren den Fokus auf das Wesentliche, nämlich auf das Was. Über deine Gedanken zu sprechen, wird dir helfen, mehr Fokus und Struktur als Fundament für dein Was aufzubauen, sodass sich das Wie gar nicht mehr stellt. Das Was erscheint dir dadurch so klar, dass das Wie von alleine passiert. Es wird sich vor deinen Augen entfalten. Denn auf einmal ist der nächste Schritt klar, die Lösung liegt vor deinen Füßen und das nächste Puzzleteil fügt sich.

Etwas nicht auszusprechen, macht es weder ungeschehen noch kann es bearbeitet werden. Du schluckst es runter und es setzt sich in dir fest. Es hält dich fest und du hältst es ebenfalls fest. Du hast es nicht losgelassen, nicht überwunden und hängst dort emotional, gedanklich und energetisch immer noch fest. Etwas auszusprechen, etwas Positives oder etwas Negatives, ist wichtig für deine persönliche Entwicklung. Auszusprechen, was dir auf dem Herzen liegt und auf der Seele brennt, wird dir enorm weiterhelfen auf deiner Reise zu deinem wahren Selbst. Reden gehört zu deinem Entwicklungsprozess dazu und ist ein großer Schritt in Richtung Klarheit. Du entwickelst dadurch Vertrauen und schaffst Verbindung – Co-Creation! Sprich darüber, was der Grund für deine Reise ist, was der Sinn ist, den du damit verfolgst und was der nächste Schritt für dich sein soll. Sprich über deine Vision und darüber, welchen Wunsch du damit verbindest.

> Was hält dich noch von der Erfüllung deiner Ziele ab? Was möchtest du erreichen? Was ist dein Herzenswunsch?
> Sprich es aus, es wird dir so gut tun!

Ich habe lange Zeit nicht das gesagt, was ich sagen wollte oder was ich dachte, weil ich niemanden verletzen wollte, unsicher war, aber auch aus Angst vor Zurückweisung. Ich habe oft aus den Ereignissen in meinem Leben ein Geheimnis gemacht und habe niemandem etwas erzählt, bis es ganz sicher war oder ich es allein durchgestanden habe. Das tat ich aus Selbstschutz und um andere zu schützen. Doch ich war auch immer der Meinung, dass, wenn man etwas ausspricht, das einem sehr wichtig ist, die Möglichkeit besteht, dass es jemand kaputt machen kann. Bis ich irgendwann begriffen habe, dass es genau andersrum funktioniert. Etwas nicht an- und auszusprechen, macht es kaputt. Nur, wenn wir es aussprechen, kann es auch Wirkung entfalten. Nur dann hört es jemand, den es interessiert, und der an der Umsetzung mitwirken möchte. Es ist nur wichtig, wem du es sagst. Wir können einfach nicht jedem und jeder alles anvertrauen. Du brauchst deine Herzensmenschen, denen du dich anvertrauen kannst und die dich bedingungslos verstehen und unterstützen. Gleichzeitig ist auch der richtige Zeitpunkt wichtig. Manchmal bist du in deinem Kopf ein paar Schritte weiter als dein Gegenüber. Es muss erst eine Brücke gebaut werden, damit du dein Gegenüber abholen kannst. Vergiss nicht, von außen kann niemand in deinen Kopf hineinschauen. Manchmal verstehen uns selbst unsere Herzensmenschen nicht, weil sie sich auf ihrer Reise an einem ganz anderen Punkt befinden. Versuche, eine Brücke zu bauen. Plappere nicht unüberlegt drauf los. Teile keine Geheimnisse, die niemanden etwas angehen, mit anderen Menschen. Sei diskret, mitfühlend und verständnisvoll in deiner Kommunikation. Sei dir deiner Absicht bewusst, wenn du etwas sagst, und sag es nicht ohne Grund und Intention. Analysiere, höre zu und antworte, statt nur zu reagieren. Alle wollen eine Reaktion, um sich bestärkt zu fühlen, doch letztendlich haben sie viel mehr davon, wenn du ihnen antwortest.

Ich möchte nicht alles teilen, ich möchte auch nicht immer meine Gedanken, Wünsche und Emotionen offenlegen. Muss ich auch nicht. Das musst du auch nicht. Aber eine vertrauensvolle Kommunikation mit einer kristallklaren Absicht wird dein Fundament sein. Du brauchst keine Bestätigung, du brauchst dich nicht mit Themen zu beschäftigen, die die Bedürfnisse anderer befriedigen. Keiner verlangt von dir, mit zu tratschen. Was ist deine Absicht, wenn du über das sprichst, was dich beschäftigt? Denn um nichts anderes geht es. Es geht nur um die Absicht hinter der Kommunikation und deren Wirkung. Für mich entspricht es einem Teil meiner Werte, denn mit der richtigen Kommunikation kann ich meine Werte nach außen hin zeigen und so auf die richtigen Zuhörer:innen treffen. Jemand, der mich nicht versteht oder mich nicht verstehen will, passt dann einfach nicht zu mir. Die Zeiten des Verstellens sind längst vorbei. Es geht um Verständnis, Harmonie, Verbundenheit und nicht um Projektionen, Missverständnisse und Überlegenheit. Stelle die Fragen, die du hast. Wer fragt, der führt. Aber du musst auch nicht alles wissen. Du musst nicht jede Frage stellen, nur um eine Frage gestellt zu haben. Du musst nichts reden, nur um etwas gesagt zu haben. Lerne, zwischen den Zeilen zu lesen und dich gleichzeitig klar und deutlich auszudrücken. Wähle deine Worte weise. Aber vor allem sprich es aus. Sprich deine Gefühle, Gedanken und Eindrücke bei den Menschen aus, die dir am Herzen liegen oder bei denen, die dich unterstützen können. Es befreit deinen Geist, erleichtert deine Seele und entspannt deinen Körper. Und die richtigen Menschen verstehen dich sogar ganz ohne Worte.

◆ Bleib bei deinen Herzensmenschen

Glaubst du an Seelenverwandte? Glaubst du an Menschen, deren Seelen miteinander verwandt sind, obwohl keine Blutsverwandtschaft besteht? Glaubst du überhaupt daran, dass deine Seele ein Leben vor diesem hatte? Denkst du, dass Menschen füreinander bestimmt sind? Oder dass bestimmte Begegnungen im Leben einen höheren Sinn haben? Ich glaube, es gibt Wegabschnittsgefährt:innen, Herzensmenschen, Seelenverwandte und es gibt deine Wurzeln, deine Familie. Ich glaube daran, dass meine Seele mehr als nur ein Leben vor dem jetzigen hatte und ich glaube, dass es Begegnungen gibt, die für einander bestimmt sind, die passieren sollen, damit Größeres geschehen kann. Und ich glaube, dass die alles entscheidende Frage ist, woran DU glaubst. Wem vertraust du dein Herz an? Wer darf dich begleiten? Woher stammen deine Wurzeln?

Genau das ist eine der großen Herausforderungen des Lebens, zu identifizieren, wer wer ist und wem wir unser Herz anvertrauen können. Es kann sich dabei um ein schmerzhaftes Herausfinden handeln. Es kann sich aber auch anfühlen, wie Angekommen-Sein. Denn dein Leben wird durch die richtigen Personen vervollständigt und sie stellen eine unglaubliche Bereicherung für dich dar. Sie schauen dich nicht an, als würden sie dich nicht verstehen und als ob du eine andere Sprache sprichst, sondern sie verstehen dich gar ohne Worte. Sie sehen dir an, was du denkst und sie spüren, was du fühlst. Deine Herzensmenschen stellen die Weichen dafür, dass du deine Reise antreten kannst. Sie begleiten dich, unterstützen dich, helfen dir, wenn du nicht weiter weißt und vor allem kannst du all deine Erfahrungen und Erkenntnisse deiner Reise mit ihnen teilen. Es gibt keine Zweifel, kein Konkurrenzdenken oder Missgunst. Es gibt nur Offenheit, Vertrauen, Ehrlichkeit und Bestimmung. Deine Herzensmenschen, ob Familienmitglied, Seelengefährte oder Auserwählte, schenken dir Kraft, geben dir Energie und beschützen dich so gut sie können. Es ist eine Beziehung, die vom reinen Sein lebt – vom Beisammensein und vom individuellen Sein. Du kannst und willst nicht ohne diese Menschen sein, weil es dir einfach besser geht, sobald sie in der Nähe sind, sobald sie dich anschauen und sobald ihr einander in den Arm genommen habt. Ein Leben ohne diese Menschen ist unvorstellbar und dieses Gefühl ändert sich auch nie, egal, wie lange ihr euch schon kennt oder zusammen seid oder wie oft ihr euch seht und miteinander sprecht.

> Weißt du schon, wer deine Herzensmenschen sind? Weißt du, ohne wen du dir dein Leben gar nicht vorstellen könntest? Oder ist dir nun bewusst, wer zu deinen derzeitigen Wegabschnittsgefährt:innen zählen könnte?

Es gibt rund 8 Milliarden Menschen auf der Welt. Wie viele Menschen hast du bisher in deinem Leben getroffen oder besser kennengelernt? Vielleicht sogar geliebt? Wie viele haben etwas getan, das bei dir im Kopf hängengeblieben ist oder das dich geprägt hat? Von dieser unzähligen Menge: Wer ist davon noch übrig? Welche Rolle nimmst du bei diesen Menschen ein?

Jeder Mensch ist einzigartig, auch wenn sich das äußere Erscheinungsbild teilweise ähnelt, es gibt jeden Menschen nur ein einziges Mal auf der Welt. Ein sehr beeindruckender Gedanke, wenn du mich fragst. Von dem ausgehend, sollten wir über jede Verbindung dankbar sein, aber gleichzeitig auch mit unserer Einzigartigkeit haushalten. Denn es gibt Menschen, die dich zurückhalten und die an dir rumzerren, und das so sehr, dass du gar nicht mehr weißt, wer du bist und wo du hin wolltest. Es wird Menschen in deinem Leben geben, mit denen du viel und intensiv Zeit verbringst und dennoch ist es nur eine Momentaufnahme und kein Bestandteil deines nächsten Abschnitts. Es wird aber auch Menschen geben, die es immer, immer, immer gut mit dir meinen. Die bedingungslos dir gegenüber sind, die keine Gegenleistung erwarten und die dich in jedem Abschnitt deines Lebens akzeptieren, unterstützen und lieben. Und diesen Menschen darfst du dein Vertrauen schenken. Von vielen anderen kann es sein, dass du dich ab einem gewissen Zeitpunkt distanzieren und letztendlich auch verabschieden wirst. Und das wird weh tun und es kann Jahre dauern, bis es nicht mehr weh tut. Trotz all dieser Möglichkeiten und der Einzigartigkeit der Menschen und Verbindungen kannst du dir sicher sein, dass alles so, wie es ist und sein wird, genau richtig für dich ist. Ganz gleich, von wem du dich verabschieden musst oder welche neue Verbindung entsteht.

Ich habe sehr lange an Menschen aus meiner Vergangenheit gehaftet. Ich konnte ganz schwer loslassen und habe immer auf eine happy-end-mäßige Kehrtwendung oder sogar auf ein Comeback gehofft. Doch mittlerweile ist es anders. Mir ist bewusst geworden, dass zu jedem Abschnitt im Leben die passenden Menschen bzw. Wegabschnittsgefährt:innen gehören. Manche von ihnen begleiten dich über mehrere Abschnitte deines Lebens hinweg, vielleicht sogar dein Leben lang. Manche nehmen nur an einem kurzen, dafür aber sehr prägnanten Abschnitt teil. Und wiederum andere tauchen auf einmal in zwei unabhängigen Abschnitten in deinem Leben auf. Das soll alles so sein. Das ist alles Teil des kosmischen Plans, Teil deines Wegs, Teil deiner Reise. Menschen, die einem einmal etwas oder sogar viel bedeutet haben, zurückzulassen, ist eine absolute Herausforderung. Aber du wirst sie meistern, denn irgendwann kommt der Punkt, da kannst du gar nicht mehr anders. Dein Energielevel wird weniger, deine Interessen verändern sich, du gründest vielleicht eine Familie, wanderst aus – was auch immer. In meinen Augen geht es nicht anders, als die Menschen, die sozusagen zurückbleiben, als Wegabschnittsgefährt:innen zu betrachten. Sei dankbar für die Zeit, die du mit ihnen im jeweiligen Abschnitt hattest, für alle die witzigen Momente und all die Tränen, die ihr geteilt habt. Und dann lass sie los, damit du weitergehen kannst. Es bringt dich nicht weiter, an den sogenannten guten alten Zeiten festzuhalten. Es nützt dir nichts, ihnen hinterher zu trauern. Es soll so sein, wie es sein soll und dafür werden neue Menschen in dein Leben kommen. Und du weißt nicht, welch wundervolle Menschen dich noch erwarten. Das Leben hält gerne Überraschungen für dich bereit.

 Jeder Abschied, jedes Ende einer Freundschaft oder Beziehung stellt ebenfalls oft eine Überraschung dar. Ich habe mich von vielen Menschen verabschiedet und habe viel über sie nachgedacht und die Verbindungen reflektiert. Meistens war ich diejenige, die alleine weiterzog, was es teilweise im ersten Moment noch viel schmerzhafter machte. Ich musste lernen, dass alleine weiterzuziehen nicht bedeutet, alleine zu sein oder alleine zu enden. Ich durfte lernen, mich in meiner eigenen Gesellschaft wohl zu fühlen und zu akzeptieren, dass ich jemand bin, die gerne weiterkommt und vorangeht, was einen gewissen Preis mit sich bringt. Dieser Preis war im Endeffekt meistens geringer als der, den ich gezahlt hätte, hätte das Leben mich nicht von manchen Menschen getrennt. Ein absolut toxischer Gedanke ist, zu denken, wir könnten etwas verpassen. Glaub mir, ich kann dir versichern, du verpasst rein gar nichts. Was sollst du verpassen? Wenn du spürst, dass sich etwas nicht richtig anfühlt, kannst du auch nichts verpassen, oder? Sei integer mit dir! Und selbst wenn du etwas verpasst, wirst du darüber hinwegkommen.

Ein weiterer toxischer Gedanke ist, sich verpflichtet zu fühlen. Also da weiß ich wirklich nicht, wie viel Zeit ich in meinem Leben vergeudet habe, weil ich mich zu einer Verabredung oder Ähnlichem verpflichtet gefühlt habe. Und ich habe mich auch immer und immer wieder aufs Neue verpflichten lassen. Wenn ich das früher erkannt und mir direkt eingestanden hätte, dass meine Zeit und meine Energie das Wertvollste sind, das ich jemandem widmen kann, und dass ich das lieber gut bedacht einsetzen sollte, hätte ich um die 1000 Verpflichtungen weniger gehabt. Oft habe ich mich verpflichtet gefühlt, mich überreden lassen oder etwas aus schlechtem Gewissen getan. Heute weiß ich, wie wertvoll meine Zeit ist. Und wie wichtig es ist, zu lernen, Zeit mit sich selbst verbringen zu können.

> Kannst du in deiner eigenen Gesellschaft sein? Kannst du Stille um dich herum ertragen – kein Handy, Fernseher oder sonst etwas – einfach nur du, wie du aus dem Fenster schaust und deinen Gedanken zuhörst?

Solltest du das nicht können, übe dich darin. Es ist so viel Wert, in Stille Zeit mit sich zu verbringen. Das kann etwas sein, was deine Batterien wieder auflädt, was dir Klarheit verschafft und dir Gelegenheit gibt, dich kennenzulernen.

Versuche herauszufinden, welche Beziehungen toxisch sind und welche dich nähren. Mit welchen Menschen verbringst du gerne Zeit und mit welchen stellt es eine reine Verpflichtung dar? Sobald du einen Hauch von Gefühl hast, dass die Beziehung dir nicht guttut, geh unbedingt weiter! Löse dich von dieser Verbindung und bleib bei dir! Lass dich nicht aufhalten, das ist es nicht wert.

Ich habe mich wirklich lange genug aufhalten lassen. Selbst wenn keine Bindung mehr da war, habe ich immer noch Zeit, Gedanken, Nerven und Energie investiert und mir Fragen gestellt, die mich im Grunde genommen nur vom Wesentlichen abgehalten haben. Und auch die Frage, warum Beziehungen nicht zustande kamen, zu Menschen, zu denen ich gerne eine gehabt hätte, ist reine Zeitverschwendung. Als ich aufgehört habe, aktiv darüber nachzudenken, wurde mir klar, dass es daran lag, dass es zum einen nicht sein sollte und zum anderen, weil ich nicht diejenige war, die alleine da stand, sondern weil ich diejenige war, die alleine weitergehen wollte. Und womöglich auch sollte. Ich war selbst der Grund, weshalb mein Leben so verlaufen ist, wie es verlaufen ist. Ich meine damit nicht, dass sich die Personen, zu denen der Kontakt abbrach, nicht weiterentwickelt hätten, ich meine vielmehr, dass ich sehr lange gebraucht habe, um zu verstehen, dass ich den ersten Schritt gegangen bin. Jede Verbindung, die abgebrochen ist, war ein Resultat meines Unterbewusstseins. Ich war diejenige, die sich entfernen wollte und es auch tat. Ich habe mich immer als das Opfer angesehen, das nicht mehr die BBF an ihrer Seite hatte oder den Anschluss zur Gruppe verloren hat. Doch mittlerweile weiß ich, dass nicht ich das Opfer war, sondern dass es ein Opfer war, das ich bringen musste. Das Opfer, das ich brachte, war, mich von diesen Menschen zu lösen, um weiterzukommen. Auch wenn die Freundschaft oder Beziehung von der anderen Seite beendet wurde, weiß ich, dass mein Unterbewusstsein bereits spürte, dass die Zeit gekommen war, weiterzuziehen. Das war Teil meines persönlichen Weges, des für mich bestimmten kosmischen Plans. Es entspricht meiner Vorstellung von Weiterentwicklung, dass du nur weiterkommst, wenn du auch weitergehst. Ich weiß nicht, wie es die beteiligten Personen gesehen haben, denn irgendwann habe ich damit abgeschlossen, darüber nachzudenken. Ich wusste für mich, dass Größeres auf mich in dieser Welt wartet, deshalb musste ich mich den größeren Herausforderungen stellen und die größeren Risiken auf mich nehmen, indem ich weiterging, auch wenn andere möglicherweise noch nicht dazu bereit waren, unsere Freundschaft oder Beziehung gehen zu lassen.

Ob du *weitergehst oder zurückbleibst,* beides ist für dich der *richtige* und der nächste Schritt auf deiner Reise.

Halte nicht an alten Erinnerungen fest, *bewahre sie dir,* aber *klammere* nicht daran.

Auch nicht an Freundschaften oder Beziehungen, wenn du merkst, dass sie dich mehr Kraft kosten, als sie dir positive Energie und Stärke geben. Es ist dein Weg und du entscheidest, wer dich auf deinem Weg begleiten soll. Reisende sollte man nicht aufhalten. Lass dich auf deiner Reise auch nicht aufhalten.

Das Pendant zu den Wegabschnittsgefährt:innen sind die Menschen, die dich bedingungslos von Abschnitt zu Abschnitt begleiten und du sie ebenfalls. Das sind die Menschen, die du in deinem Leben brauchst. Sie bringen dich weiter, sie stellen eine Ergänzung und einen Ausgleich dar. Sie bringen dir Unterstützung, Hilfe und Liebe entgegen. Und sehen dich mit den Augen an, mit denen du gesehen werden solltest. Das sind die Menschen, für die du all das und noch mehr ebenfalls tun würdest und die du auf deine Reise mitnehmen solltest. Lass sie Teil haben, reiß sie mit auf deiner Euphoriewelle der Weiterentwicklung und höre ihnen zu, was sie dir mit auf den Weg geben. Sie kennen dich gut, lieben, akzeptieren und schätzen dich. Solche Menschen brauchst du auf deiner Reise zu dir selbst, denn du wirst dich selbst in Frage stellen, du wirst alleine nicht auf alle Antworten kommen können, du wirst dich auch gar nicht mehr an das ein oder andere wichtige Detail aus einer der vergangenen Abschnitte erinnern können.

Lerne, zu sehen, wer es wert ist, einen Platz in deinem Leben zu erhalten und wer nicht. Lerne, zu erkennen, wer welche Rolle in deinem Leben einnimmt. Lerne, zu verstehen, dass jeder auf deine Reise mitkommen kann, sofern du das möchtest. Und lerne, zu fühlen, wer es wert ist, mitgenommen zu werden.

Es bedeutet nicht, dass du keine zweiten Chancen geben oder annehmen darfst. Manche Menschen sollen in zwei unabhängigen Abschnitten deines Lebens Bestandteil sein und vielleicht bleiben sie beim zweiten Mal für immer in deinem Leben. Wie du dich auch entscheidest, es sollte in diesem Moment so sein.

> Wer war die letzten Jahre immer für dich da? Wer stand mit Rat und Tat zur Seite? Wer bringt die beste Version deiner selbst zum Vorschein? Wer bringt dich zum Strahlen?

Wenn du diese Fragen liest und dir die Antworten darauf in den Sinn kommen, weißt du, was ein Herzensmensch ist und spürst, auf wen das zutrifft.

Und dann gibt es da noch Seelenverwandte. Ich glaube nicht, dass wir nur einen einzigen Seelenverwandten haben, sondern dass jeder unterschiedlich viele hat. Manche von uns tragen eine alte Seele in sich, die bereits einige Leben gelebt hat, daher hat sie vielleicht auch mehrere Seelenverwandte. Andere haben vielleicht nur einen oder zwei. Ich weiß nicht, wovon die Anzahl abhängig ist, aber ich weiß, dass es sie gibt. Wir leben nicht umsonst dieses Leben in dieser Form und wir haben nicht umsonst eine Aufgabe erhalten, die wir erfüllen sollen und die uns erfüllen soll. Seelen, die miteinander verwandt sind – wenn du mich fragst, ist das eine unglaublich schöne Vorstellung. Es bedeutet, dass nicht nur dein Geist und dein Herz ihre ausgleichenden Pole gefunden haben, sondern auch deine Seele. Deine Seele ist also nicht mehr alleine. Sie fühlt sich sicher, geborgen und beschützt. So wie du dich fühlst, wenn du bei deinem Partner oder deiner Partnerin bist. So fühlt sich deine Seele an, wenn sie mit ihren Verwandten zusammen ist. Und nicht weniger hat eine gute Seele verdient, oder? Wir sind immer auf der Suche nach dem Menschen, der uns ergänzt. Diesen Menschen wirst du auch finden und das wird die Liebe deines Lebens sein. Doch ein Seelenverwandter ist jemand, der dich entdeckt hat, bevor du dich selbst entdeckt hast. Jemand ganz Besonderes, der sich von deinem Licht, deinem Strahlen und deiner Magie angezogen fühlt. Und ich meine damit nicht auf körperlicher Ebene, sondern auf seelischer. Dieser Mensch sieht dich mit den Augen, mit denen du dich selbst sehen solltest. Daher wird dir dein Seelenverwandter zeigen, was du tun musst, um dich selbst im gleichen Licht zu sehen, wie du von ihm gesehen wirst. Dein Seelenverwandter wird dich inspirieren, dich selbst zu finden, und dich auf jedem Schritt deiner Reise unterstützen und begleiten.

Schau dich um: Auf welchen Menschen in deinem Leben könnte das zutreffen? Oft erkennen wir das nicht auf Anhieb, aber sobald du ihn gefunden hast, brauchst du diesen Menschen in deiner Nähe, um dich weiterentwickeln und frei entfalten zu können.

Und dann gibt es da noch deine Familie, deine Wurzeln. Je nachdem, in welchem Abschnitt du dich in deinem Leben befindest, hast du vielleicht sogar schon deine eigene Familie gegründet. Deine Wurzeln bilden deinen Ursprung und dein Ursprung sind deine Eltern, unabhängig von eurer Beziehung zueinander. Deine Geschwister, Großeltern und jede weitere Person aus deiner Familie, zu der du eine starke Bindung hast, bildet eine Wurzel. Dein reiner Ursprung sind deine Eltern. Sie bilden das Fundament, dein Grundgerüst. Doch die Verbindung zu unseren Wurzeln wird im Verlauf unseres Lebens gestört. Trauma, Schmerz, Muster, wir alle erleben etwas in Verbindung mit unseren Eltern, das sich festsetzt. Selbst, wenn du die liebsten und fürsorglichsten Eltern hast oder hattest, gibt es trotzdem Situationen, in denen deine Wurzel möglicherweise verletzt wurde. Dessen

Wunde trägst du in dir. Das gehört dazu. Kein Elternteil ist fehlerfrei. Wichtig ist, zu verstehen, dass alle Eltern ihr Bestes geben. In ihrem Bewusstsein tun sie ihr Bestes. Selbst wenn dich ein Elternteil auf irgendeine Art verlassen hat, wird das Elternteil dies aus einem bestimmten Grund getan haben, der für sie oder ihn am sinnvollsten erschien. Oder auch als einziger Ausweg. Für dich ist es vorerst nicht nachvollziehbar und zurückgeblieben ist ein großer Schmerz. Du wirst den Schmerz loslassen, deine Wunde heilen und vergeben können. Ebenso ist es mit unserem inneren Kind. Ein verletztes inneres Kind bleibt in den wenigsten Fällen aus. Doch wir können es heilen.

Es wird der Zeitpunkt kommen, an dem du merken wirst, wer bleibt. Es gibt Menschen, bei denen es sich lohnt, einmal mehr das Handy in die Hand zu nehmen, bei denen es egal ist, wer zuletzt geantwortet hat und die dich lieben, egal an welchem Tiefpunkt in deinem Leben du dich gerade befindest. Ich bin unglaublich dankbar für all meine Wegabschnittsgefährt:innen, für meine Herzensmenschen, meine Seelenverwandten, meine Eltern, meine Schwester, meine Großeltern, Vorfahren und Ahninnen, aber vor allem für meine eigene Familie. All die Menschen haben und hatten eine große und wichtige Aufgabe und Rolle in meinem Leben und auch wenn ich mit manchen Personen nicht im Guten auseinander bin, bin ich trotzdem dankbar für das, was sie aus mir gemacht haben, für das, was sie mir mit auf meinen Weg gegeben haben.

Werde dir bewusst, wer welche Rolle für dich spielt oder gespielt hat. Lass dir keine Energie oder Zeit mehr rauben und geh deinen Weg, denn die wichtigen und richtigen Menschen werden bleiben. Stärke die Beziehung zu dir selbst und lass das Gefühl der Einsamkeit hinter dir. Du bist nicht alleine, das Universum möchte dich nur testen, ob du bereit bist, mit dir selbst Zeit verbringen zu können. Nähre deine Wurzeln durch Reflektieren, reflektiere die Beziehungen in deinem Leben und lerne daraus. Lass die Menschen los, mit denen es sich nicht mehr stimmig anfühlt. Vergib den Menschen, damit du deinen inneren Frieden finden kannst. Und sei dankbar für all die Menschen, die dich begleiten und begleitet haben.

Übe dich in Dankbarkeit

Was ist Dankbarkeit genau und wieso ist sie so wichtig für die eigene Weiterentwicklung? Warum kommt Dankbarkeit an dieser Stelle der Reise? Dankbarkeit ist ein Gefühl der Zufriedenheit und Wertschätzung. Ein Gefühl der Wärme und Fülle. Wir drücken damit unsere Anerkennung und unseren Respekt gegenüber einer Situation, einer Emotion, einer Person oder eines Objekts aus. Dankbarkeit bedeutet Zufriedenheit und Zufriedenheit bedeutet Glückseligkeit. Glückseligkeit wiederum bedeutet Vollkommenheit bzw. vollkommen zu sein. Das Gefühl wahrer Dankbarkeit lässt dein Herz höher schlagen und deine Energie höher schwingen. Das Gefühl, wahre Dankbarkeit zu empfinden, lässt dich der Emotion des inneren Friedens und der Glückseligkeit immer näher kommen. Es mangelt dir an nichts mehr, weil dich dieser Moment der Dankbarkeit vollständig und auf allen Ebenen erfüllt.

Wahre Dankbarkeit entgegengebracht zu bekommen, ist ein reines und erfüllendes Gefühl, dass du nichts weiter brauchst. Viele von uns haben das Bedürfnis, sich für etwas erkenntlich zu zeigen oder sich zu revanchieren. Das ist nicht notwendig, wenn du aufrichtige und wahre Dankbarkeit zeigst und den Moment genießt.

Dankbarkeit ist ein *Gefühl,* das dich *erfüllt* und *motiviert,* vorantreibt und dich in einen *höheren Zustand* bringt, den du nicht mehr verlassen möchtest.

Übe dich in Dankbarkeit.

Ganz gleich, wie schlecht dein Tag war oder in welcher schlimmen Phase du steckst, mit regelmäßiger Dankbarkeit wirst du immer etwas finden, wofür du dankbar sein kannst und das dich erdet und zurückbringt in das erfüllende Gefühl. Genau das treibt deine persönliche Weiterentwicklung an: Nachdem du wahre Dankbarkeit erfahren hast, wirst du versuchen, dass sie als Teil deiner Persönlichkeit bestehen bleibt. Wir können uns nur weiterentwickeln, wenn wir für positive wie negative Geschehnisse dankbar sind und uns tagein tagaus dem Leben gegenüber dankbar zeigen. Das regelmäßige Praktizieren von Dankbarkeit wird Teil deiner Persönlichkeit und du verinnerlichst das damit verbundene Gefühl. Und auf einmal realisierst du, dass, egal, wie viel Schmerz du gerade empfindest, du dennoch dankbar sein kannst, weil es dir trotz allem besser geht als so vielen anderen Menschen auf dieser Welt.

Wir können lernen, unsere Gefühle zu steuern. Wir müssen nichts von außen Vorgegebenes übernehmen. Du kannst selbst entscheiden, wie du dich fühlen möchtest, egal, wie sich alle um dich herum fühlen und egal, in welcher Phase deines Lebens du dich gerade befindest.

> Warum haben wir Gefühle? Was fühlst du gerade, wie fühlst du dich aktuell in deinem Leben? Was denkst du, sagt das Gefühl über dich aus?

Ein Gefühl, das du bewusst erzeugen und hervorrufen kannst, ist die Dankbarkeit. Dankbarkeit ist eine höhere Emotion. Wenn du dich darin übst, bewusst eine höhere Emotion wie Dankbarkeit zu erzeugen und dieses Gefühl über einen langen Zeitraum aufrecht hältst, öffnest du dein Herz und erhöhst die energetische Frequenz in deinem

Körper. Erhöhst du die Energie in deinem Körper, erzeugt diese Energie ganz andere Schwingungen und Frequenzen, die ebenfalls viel höher sind als bei Emotionen wie Scham, Furcht oder sogar Mut.

In der Regel bedanken wir uns aus Höflichkeit und verstehen weder die chemische Reaktion in unserem Gehirn, die freigesetzt wird, sobald wir wahre Dankbarkeit empfinden, noch ist uns bewusst, dass wir durch diese höhere Emotion eine höhere Schwingung erhalten, die Höheres in unser Leben ziehen kann. Wenn du Dankbarkeit in dein Leben als festen Bestandteil integrierst, wirst du schnell merken, wie wohltuend die kleinen Momente der Dankbarkeit sind, weil sie lange nachwirken und einen unglaublichen Impact mit sich bringen. Außerdem wirst du sensibler, feinfühliger und erkennst, wie wertvoll genau die kleinen Dinge im Leben sind. Deine Wahrnehmung verändert sich und du nimmst auf einmal mehr wahr. Der Grad deiner Wertschätzung wird ein anderer und du schätzt auf einmal auch alltägliche Dinge. Nichts ist selbstverständlich, alles ist etwas Besonderes. Dein Bewusstsein erweitert sich und durch das konstante Halten der höheren Energie durch die höher schwingende Emotion der Dankbarkeit wirst du auch Höheres in dein Leben ziehen und kannst höhere Ziele erreichen und höhere Wünsche wahr werden lassen.

Es gibt zahlreiche Übungen, wie du täglich Dankbarkeit praktizieren kannst, doch das erhöht nur den Druck, ein weiteres To Do auf deiner Liste zu haben. Beginne damit, dich einfach mehr zu bedanken. Auch wenn du in der Position bist, eigentlich „bitteschön" oder „sehr gerne" zu sagen, sag doch einfach mal ebenfalls danke. Bedanke dich vor dem Einschlafen für drei Dinge, die an dem Tag passiert sind, ob positiv oder negativ, ob groß oder klein. Fällt dir nichts ein, weil du den ganzen Tag gechillt hast, auch gut, dann bedanke dich für die Menschen in deinem Leben, dafür, dass du den ganzen Tag chillen konntest und überhaupt einen Ort zum Chillen hast und schon hast du deine drei Dinge, für die du dankbar sein kannst. Und ja, genau so simpel ist es. Du brauchst nicht im Lotto zu gewinnen oder eine Jobzusage erhalten oder sonst etwas, du darfst einfach immer für das dankbar sein, das da ist. Solltest du daher auch mal mehr als drei Punkte aufzählen wollen, dann fühl dich frei. Fühl dich rein und mache diese wundervolle kleine Übung zu deiner Routine mit großer Wirkung. Es gibt keine Regeln oder Anleitungen, um dankbar zu sein – du kannst es immer und überall für alles und jeden sein. Diese Übung kannst du auch als Ritual in deinem Leben etablieren und gemeinsam mit deinem Partner oder deiner Partnerin, deinen Eltern oder deinem Kind am Abend etablieren, indem ihr gemeinsam drei Dinge aufzählt, für die ihr dankbar seid. Du wirst spüren, wie schön es ist, Dankbarkeit in dein Herz zu lassen und wie erfüllend es ist, diese höhere Emotion zu fühlen. Es wird dir das Annehmen und somit auch das Loslassen erleichtern. Du entscheidest, was du fühlst.

Dankbarkeit ist der Schlüssel für ein glücklicheres und wertfreies Leben. Dankbarkeit ist der Schlüssel, mehr Vertrauen in dein Leben und ins Universum und somit auch ins Ungewisse zu haben.

Dankbarkeit ist der Schlüssel zu deiner *Zufriedenheit*, zur Vollkommenheit und zu deinem *Glück*. Denn es sind die *Dankbaren*, die glücklich sind.

◆ Lass los

Wenn du dir nun einen Moment Zeit nehmen möchtest, um auf deine bisherige Reise zurückzuschauen: Wofür bist du dankbar? Was hast du bereits alles geleistet? Halte es dir vor Augen, verbinde dich mit dem Gefühl der Dankbarkeit. Du hast wahnsinnig viel geleistet: Du hast den Entschluss gefasst, deine Reise zu deinem wahren Selbst anzutreten, um herauszufinden, was deine Aufgabe, dein persönlicher Sinn des Lebens, ist. Damit hast du bereits den Stein ins Rollen gebracht und dein Herz geöffnet. Du hast daran gearbeitet, Liebe in deinem Leben willkommen zu heißen, sie anzunehmen und zu akzeptieren. Dadurch sollte es dir leichter fallen, Blockaden zu lösen und dich von alten Mustern zu befreien. Möglicherweise hast du schon gelernt, über das, was eine große Herausforderung für dich dargestellt hat, zu sprechen, weshalb sich alte Muster nach und nach lösen. Du durftest feststellen, wer zu deinen Herzensmenschen gehört und wer nicht. Wodurch du Dankbarkeit als festen Bestandteil in dein Leben integrieren kannst. Dein nächster großer Schritt kann ein längerer Prozess werden. Denn ab jetzt heißt es, dich deinem emotionalen Ballast zu stellen, alle Ängste, Sorgen, Zweifel und Traumata dürfen nach und nach losgelassen werden. Wunden, Themen, Emotionen, Erinnerungen, Menschen, tiefere Persönlichkeitsstrukturen und Geschehnissen dürfen jetzt gänzlich losgelassen werden. Gewohnheiten abzulegen, ist der erste Schritt im Prozess des Loslassens. Zuerst musst du nämlich feststellen, was dich blockiert und davon abhält, weiterzukommen. Der nächste Schritt im Prozess des Loslassens ist das Loslassen selbst: All den emotionalen Ballast, das Trauma, die Ängste, Sorgen und Zweifel, die Wunden und Verletzungen der Vergangenheit und die Vergangenheit an sich.

> Jetzt ist der Zeitpunkt auf deiner Reise gekommen, an dem du wachsen darfst. Bleibe dabei in deinem Tempo, sei nicht zu streng mit dir und lass wirklich los.

Um wachsen zu können, benötigst du Raum. Und Raum erschaffst du nur, indem du Platz machst. Löse dich von allem Alten und Negativen, damit du Platz hast, Neues und Positives in dein Leben zu ziehen, denn das bedeutet Wachstum: sich frei zu machen von den Ereignissen der Vergangenheit, um sich weiterentwickeln zu können. Immer daran festzuhalten, wie etwas war, lässt dich nicht wachsen. Befreie dich von all den Verbindungen zur Vergangenheit und zu deinem vergangenen Ich, denn du befindest dich auf dem Weg zu deinem wahren Selbst und dringst gerade Schicht für Schicht tiefer durch. Das erfordert mehr, als dein altes Ich hergibt. Du bist nicht mehr die Person, die du damals warst und auch nicht die, die du vor zwei Minuten warst. Daher ist das dein erster vertrauensvoller Schritt ins Ungewisse auf diesem Abschnitt deiner Reise.

In deinem Unterbewusstsein weißt du bereits, welcher Schmerz gehört und welche Wunden geheilt werden möchten. Dir das einzugestehen, ist die Voraussetzung, um deinem wahren Selbst näher zu kommen. Um dahin zu gelangen, darfst du für diesen Abschnitt, für diesen Teil deiner Reise, alles loslassen, was dich daran hindert, an dein wahres Selbst zu gelangen.

Loszulassen ist einer der schmerzhaftesten Schritte. Denn an etwas zu haften, auch wenn es ein negatives Muster der Vergangenheit, ein Schicksalsschlag oder Trauma ist, gibt dir dennoch Sicherheit. Loszulassen, was dir nicht mehr dienlich ist, bedeutet, deine Komfortzone zu verlassen, indem du Sicherheit aufgibst, die Kontrolle abgibst und der Gewohnheit nachgibst. Vielleicht stößt du damit auf äußere Ablehnung, Unsicherheit macht sich breit, Ausreden nehmen zu und du denkst über den Abbruch nach. Aber weißt du was, du bist bereits viel weiter gekommen, als dir bewusst ist, wenn du diese Emotionen fühlst. Dann bist du bereits aus deiner Komfortzone ausgebrochen. Du hast dich deinen Ängsten und Problemen gestellt und bist nun in der Lage, Neues zu lernen, dein Selbstvertrauen zu stärken und somit in die Lernzone überzugehen. Diese wird dich wachsen lassen und langfristig an deine Ziele bringen. Deine Ziele der Selbstfindung und Zufriedenheit. Du lernst, wächst und beginnst zu leben. Die Wachstumszone ermöglicht dir nun, deinen Traum zu leben.

Du hast die Wachstumsgefühle zugelassen, angenommen und angefangen, loszulassen. Daher ist es so unangenehm, der Schmerz möchte nochmal gefühlt werden und das spürst du bereits. Um loszulassen, müssen wir uns also den unangenehmen Gefühlen, unserem Schmerz stellen, denn sie versperren uns den Weg, um Platz für Neues schaffen zu können und somit auch wachsen zu können. Platz in deinem Leben zu haben, kann im ersten Moment angsteinflößend sein, denn es bedeutet Ungewissheit. Die Ungewissheit wird viele Fragen mit sich bringen: Sie wird wissen wollen, wie der Platz gefüllt werden soll. Das kann dir suggerieren, dass der Platz mit dem nächsten Schmerz gefüllt werden könnte. Genauso gut kann dir die Ungewissheit aber auch den Mut geben, dich der Herausforderung zu stellen und den Schritt ins Ungewisse zu wagen, oder? Erinnerst du dich? Viele Themen, Schritte und Ereignisse wiederholen sich in unterschiedlichen Abschnitten. Unsere Reise ist ein kontinuierlicher Prozess:

> Je öfter du deine Komfortzone verlässt, desto öfter musst du dich zwar all deinen Ängsten und Sorgen stellen, aber umso mehr Platz wird auch gleichzeitig geschaffen. Und dieser Platz füllt sich mit all dem, was dich deinem Traum näher bringt.

Abgesehen davon, dass dir die Angst vor der Ungewissheit die Sicht auf deinen Traum vernebelt, brauchst du keine Angst davor zu haben, dass der Platz mit dem nächsten negativen Ereignis gefüllt wird, denn dem ist nicht so, wenn du in vollem Vertrauen deinem Leben gegenüber lebst. Viel mehr brauchst du den Platz, damit sich dein wahres Selbst entfalten kann. Wenn du dich selbst mit altem Ballast einengst, wenn du an der Vergangenheit haftest, wie soll dann etwas Neues entstehen? Wie soll dein wahres Selbst zum Vorschein kommen, wenn es den Raum dafür nicht geboten bekommt?

Habe keine Angst, Raum zu schaffen und Platz zu machen, denn dieser Schritt bedeutet Wachstum. Wachstum ist etwas Schönes und Wertvolles: Du wirst wieder Kapazitäten frei haben und neue Möglichkeiten entdecken, wie du diesen Raum nutzen kannst. Dein wahres Selbst wird dir dankbar sein, dass du endlich losgelassen hast. Dein Körper wird dir dankbar sein, dass du losgelassen hast. Denn alles, was unterdrückt und bewusst ignoriert wird, bohrt sich seinen Weg auf eine andere Art und Weise an die Oberfläche und das ist meistens in Form von Krankheiten oder physischen

Schmerzen der Fall. All das, was du mit dir herumträgst, sitzt auch an irgendeiner Stelle in deinem Körper fest. Dein Herz wird dir dankbar sein, dass es dich wieder besser leiten kann. Deine Seele wird dir dankbar sein. Denn du hast sie erlöst und sie ist freier ohne den Schmerz, die Schuld, die Trauer und die Wut. Dein Geist wird dir dankbar sein, denn dort herrscht nun wieder Klarheit. Und auch dein Körper wird sich stärker anfühlen und selbstbewusster in Erscheinung treten. All das, was dich nach der Phase des Loslassens erwartet, stellt am Ende dein Wachstum dar. Du musst leider erst einmal durch den Schmerz und dich all deinen Ängsten und Sorgen stellen, damit du loslassen kannst. Schmerz und Trauma nicht zu überwinden und in die Tiefen deines Geistes zu verbannen, ist nicht der Schritt, der dich nicht wachsen lässt. Wachsen kannst du nur durch die freie Entfaltung und das wiederum erreichst du nur durch das Annehmen und Loslassen von all dem, was dich blockiert und verletzt.

Für mich war das Loslassen ein sehr schwieriger Teil, denn ich hatte mir all meinen emotionalen Ballast und meine Themen schon komplett zerdacht. Hunderte Male dachte ich an Situationen, Personen und Emotionen der Vergangenheit. Ich war mir sicher, über vieles alleine hinweg gekommen zu sein. Doch ein Teil von mir hielt an dem Warum fest und forderte Antworten. Antworten sollten mir die Erlösung bringen, allerdings bekommen wir die Antworten nicht immer dann, wenn wir sie einfordern. Wir brauchen einen Perspektivwechsel, einen Impuls, der es uns ermöglicht, loszulassen. Daher schaffen wir es auch nicht, manche Themen alleine loszulassen und brauchen Unterstützung. Das ist überhaupt nicht schlimm. Auch das dürfen wir uns eingestehen. Daher mein Appell an dich: Bemerkst du auf deiner Reise, dass du jemanden um Unterstützung bitten solltest? Dann tue es. Es ist keine Schande, um Hilfe zu fragen! Dein Ziel und deine Gesundheit sollten es dir wert sein. Und wenn du auf dem Weg Hilfe von einer außenstehenden Person brauchst, die dich nicht kennt und sich kein Urteil bildet, dann such nach dieser Person und nimm ihre Unterstützung an.

Stell dir doch einmal deine Reise bildlich vor: Du hast dich ins Auto gesetzt und hast dein Ziel bestimmt, hast definiert, was du für die Reise brauchst und hast dich auf den Weg gemacht. Unterwegs merkst du plötzlich, dass einer deiner Reifen einen Platten hat. Vorausgesetzt du kennst dich nicht mit platten Reifen und deren Wechsel aus, was würdest du tun? Möglichkeit 1: Du würdest es zuerst selbst versuchen. Super Ansatz! Doch in unserem Beispiel hier stellst du leider fest, dass du es alleine nicht schaffst. Was machst du dann? Du fragst jemanden um Hilfe, der mehr Erfahrung hat und weiß, was zu tun ist, oder? Es gibt aber auch noch Möglichkeit 2: Du möchtest keine Zeit auf deiner Reise verlieren und weißt, dass du keinen blassen Schimmer vom Reifenwechseln hast und suchst dir direkt jemanden, der dir dabei behilflich sein kann.

Das kann allerdings der schwierigste und zugleich der entscheidende Punkt dieses Abschnitts sein: der Entschluss, selbst Hilfe zu suchen. Für viele mag das ein Eingeständnis von Schwäche bedeuten. Es kostet Überwindung, Mut und Vertrauen. Es muss jemand sein, bei dem wir uns wohlfühlen und uns öffnen können. Wo fängt man also mit seiner Suche an? In der Familie oder im Freundeskreis? Beim Hausarzt, der einem die Überweisung zum Psychotherapeuten gibt? Bei einem Life Coach, den man auf Instagram gesehen hat? Das musst letztendlich du entscheiden. Auch hier habe ich es nach meinem beliebten Prinzip gemacht: Ich probiere so lange rum, bis ich da bin, wo ich hin will. Es konnte mir niemand mit Fragebögen, offenen Ohren oder Tools und

Techniken helfen. Unzählige Gedanken und etliche Stunden habe ich vor dieser Tür verbracht und darauf gewartet, bis sie mir endlich jemand öffnet. Bis ich begriff, dass ich die Tür zum nächsten Abschnitt meiner Reise selbst öffnen kann. Ich musste niemanden suchen, ich musste einfach nur die Augen öffnen und sehen, wer mir die ganze Zeit eine helfende Hand reichen wollte. Es war eine helfende Hand, die ich gar nicht kommen sah, weil sie mir schon geholfen hat, bevor ich überhaupt bewusst meine Reise begonnen hatte. Doch mit dieser Unterstützung an meiner Seite war ich endlich in der Lage, die Tür zu öffnen. Denn durch sie begriff ich, dass ich mir die Tür selbst öffnen könnte.

Es gibt unzählige Möglichkeiten und ich möchte auch nicht sagen, was du tun oder wohin du gehen solltest. Ich möchte dir damit nur zeigen, wie es bei mir war und dass ich mich unterschätzt habe. Ich war vernebelt von mir selbst. Bis ich anfing, loszulassen. Bis ich mich von meinem Ballast nach und nach trennte, was mir wiederum Kraft gab, mich zu öffnen. Loszulassen, verschafft dir neue Kapazitäten und frische Kraft. Du bist wieder mutig und stark und traust dich wieder, einen Schritt ins Ungewisse zu wagen und entwickelst dich weiter. Es werden neue Menschen auftauchen, die dein Herz berühren und dir helfen, deine Reise fortzusetzen, die dich bei deiner Aufgabe unterstützen werden.

Loszulassen ist ein Prozess. Es geschieht nicht von heute auf morgen und geschieht auch nicht, wenn du alles alleine schaffen möchtest. Aber es geschieht, wenn du den ersten Schritt gemacht hast, wenn du neue Kraft geschöpft hast und dich wieder mutig dem Leben öffnest.

Wo auch immer dich deine Reise hinbringt und wer auch immer dir über den Weg läuft, schäme dich nicht, nach Hilfe zu fragen und vor allem nicht, sie anzunehmen. Wir können nicht für alles Expert:innen sein, auch wenn es unser eigenes Leben ist. Also kümmere dich nicht darum, was andere denken oder denken könnten. Geh deinen Weg und frag dabei um Hilfe, wenn du sie brauchst und nimm sie an, wenn sie dir angeboten wird.

In meinem Fall war es eine Kombination aus beiden Möglichkeiten. Ich habe erst ziemlich lange und intensiv alleine daran gearbeitet, meinen Ballast loszuwerden, meine Themen aufzulösen und abzugeben. Und als ich an einem Punkt kam, an dem ich der Meinung war, es fehlt nicht mehr viel, suchte ich nach Hilfe. Manche Dinge sind so tief in deiner Seele verankert, da kommst du einfach nicht dran. Es braucht Zeit und Begleitung, um tiefer heilen zu können. Wenn du alleine nicht weiterkommst, weil ein viel zu großes Chaos herrscht, dann ist der Zeitpunkt gekommen, um Unterstützung zu suchen. Du kommst nicht durch und weißt nicht weiter? Das ist vollkommen natürlich und Teil des Prozesses. Wenn dein Ziel ist, dich weiterzuentwickeln, damit du dein wahres Selbst und deine Seelenaufgabe und somit auch den Sinn deines Lebens findest, darfst du dir bewusst machen, was du bereits alles getan hast, um deinem Ziel näherzukommen. Und du darfst dir aber auch bewusst machen, dass du nicht alles alleine schaffen kannst. Deine Themen und Wunden sollen dich keinesfalls von innen heraus auffressen, bis du nicht mehr kannst. Triff deine Entscheidung vorher. Das ist, was das Leben von dir erwartet: Dass du deine Entscheidungen selber triffst, denn letztendlich liegt die Entscheidung immer bei uns selbst.

Also wenn du dich dazu entschieden hast, deine Reise anzutreten, dein wahres Selbst, deine Seelenaufgabe zu finden, dann sollte dir klar sein, was dafür notwendig ist. Und für jeden notwendigen Schritt musst du dich ganz bewusst entscheiden, du musst es aus deinem tiefsten Inneren wollen. So ist es auch mit dem Loslassen: Du musst wirklich loslassen wollen, damit es mit dem Loslassen klappt. Entscheide dich dafür, dass es funktionieren soll und dann wird es auch funktionieren.

Ich bin mir ganz sicher, dass du es schaffen wirst, deinen Ballast zum jeweils vorbestimmten Zeitpunkt loszulassen. Es wird sich vieles auf deiner Weiterreise von alleine lösen, einiges wird auch noch bis kurz vor deinem Ziel an dir haften.

> Fasse den Entschluss, all deine Wunden zu heilen und deinen Schmerz und Ballast loszulassen, triff diese Entscheidung aus deinem tiefsten Inneren und folge deinem Herzen. Es bringt dich ans Ziel.

 Lerne, zu vergeben

Der Zeitpunkt wird kommen, an dem du merkst: Es wird Zeit, zu vergeben. Manche Themen, einige Wunden, die hast du bereits bearbeitet, indem du sie überwunden und losgelassen hast. Sie tun dir nicht mehr weh, wenn du daran denkst oder du denkst erst gar nicht mehr daran. Vergebung ist tiefer. Was bedeutet es dann noch, zu vergeben? Vergebung ist eine intensivere Art, sich den Menschen, Ereignissen und Erinnerungen zu stellen. Es geht um die Menschen, die einem am nächsten stehen, denen wir die Schuld für etwas geben und die wir für den entstandenen Schmerz verantwortlich machen. Doch es ist nicht fair, sie dafür verantwortlich zu machen und mit dieser Schuld weiterhin in dein Unterbewusstsein zu drängen, um es zu verdrängen. Beim Vergeben geht es um die tiefen Wunden deiner Seele. Um all das, was du jahrelang runtergeschluckt und verdrängt hast. Um all das, was du nicht bereit bist, nochmal zu fühlen, um es zu lösen. Du hast es so häufig und lange verdrängt, dass es ein Bestandteil von dir geworden ist. Dein Unterbewusstsein und deine Seele haften daran und das reine Loslassen reicht nicht mehr aus. Die Schuldzuweisung, der Schmerz sitzt zu tief. Teilweise kann es sogar sein, dass du das, worum es geht, vergessen oder anders abgespeichert hast. So oder so ist es zu einem Teil deiner Persönlichkeit und einem deiner Muster geworden, mit dem du dich identifizierst. Die Identifikation begegnet dir täglich, ohne dass du es merkst, weil du den Schmerz und die Schuldzuweisung immer weiter verdrängst und an dir und deiner Seele haftet.

Das, was das Loslassen und die Heilung vervollständigt, ist Vergebung. Dein Unterbewusstsein weiß bereits, was als nächstes zu tun ist, und das ist zu vergeben. Auch wenn deine Wunden geheilt sind, trägst du dennoch die Narben. Um mit ihnen leben zu können, musst du akzeptieren, dass sie ein Teil von dir sind, so wie das Geschehene oder die betreffenden Personen. Das Leben hinterlässt Spuren und das ist auch gut so. Das zeichnet ein vollkommenes Leben aus. Doch versuche, den Verursacher:innen deiner Narben und Spuren zu vergeben.

> Es geht nicht mehr rein um das Geschehene, sondern vielmehr um die Menschen, die damit in Verbindung stehen oder die du damit verbindest. Vergib ihnen ihre Schuld an deinen Narben. Vergib dir deine Schuld an deinen Narben.

Es sind nie nur die anderen. Aber es sind nur Narben.

Auch vergeben zu können, ist ein Prozess. Ein Prozess, der die richtigen Fragen voraussetzt: Wen machst du noch für etwas verantwortlich und wieso machst du das? Wie fühlst du dich, wenn du daran zurückdenkst, was noch immer an dir haftet? Was triggert dich an der Person, die du damit in Verbindung bringst? Was ist der Grund, weshalb du bisher noch nicht vergeben hast?

Versuche, die Perspektive der beteiligten Person einzunehmen. In welcher Situation hat sich die Person befunden, als etwas Bestimmtes vorgefallen ist? Was könnte die Ereignisse verursacht haben? Was kannst du jetzt tun, um der Person zu vergeben? Wie hat sich die Beziehung zu der Person verändert? Ist all das wert, die Beziehung auf diese Art und Weise fortzuführen?

Entscheide dich *bewusst* dazu, ihr zu *vergeben* und wachse über dich hinaus.

Vergebung ist etwas Schönes und Besonderes. Du *befreist* damit *euch beide.*

Wir können im Leben nicht alles verstehen und nachvollziehen. Das gehört nicht zu unserer Aufgabe. Daher kann man auch nicht jede Entscheidung oder die Gründe dafür nachvollziehen. Und darum geht es auch nicht, denn dann sind wir wieder bei dem Warum. Viel mehr möchtest du erfahren, wer sich hinter deinem wahren Selbst verbirgt, um deine Aufgabe zu finden. Und dazu darfst du jetzt, allem und jedem vergeben, das dich davon abgehalten hat, dein wahres Selbst zu zeigen, wodurch du eine Narbe davon getragen hast. Sie haben ihre Entscheidung getroffen, weil sie eine treffen mussten. Doch im Grunde genommen hatte die Entscheidung nichts mit dir zu tun. Daher vergib ihnen und vor allem auch dir selbst. Vergib auch dir für deine eigenen Entscheidungen, die du getroffen hast und auch für die, die vielleicht andere verletzt haben. Das ist der Kreislauf des Lebens. Doch an diesem Punkt hier ist es an der Zeit, die Richtung zu ändern. Ändere die Richtung, indem du jenen vergibst, die daran beteiligt waren. Von jetzt an triffst du andere Entscheidungen und du wirst feststellen, dass auch die Menschen in deinem Umfeld ihre Entscheidungen anders treffen werden und dass dich ihre Entscheidungen anders oder gar nicht mehr tangieren, weil – und das ist der springende Punkt – du dich weiterentwickelt hast. Durch die Vergebung hast du einen riesigen Schritt auf deiner Reise gemacht und bist deinem wahren Selbst ein ganzes Stück näher gekommen. Deinem wahren Selbst, das vollkommen ist und das die universelle Liebe in sich trägt. Es war nicht einfach, aber du hast es geschafft. Vielleicht hast du dich bereits sogar dir selbst gestellt, denn irgendetwas wird es geben, wofür du dich verantwortlich machst.

> Gehe in eine Meditation und frage dich, wem du noch nicht vergeben hast, wo noch Schmerz sitzt und wofür du dich selbst verantwortlich machst. Wovor läufst du weg? Was verdrängst du? Stelle dich den Antworten und höre zu, was aus der Tiefe deines Herzens, deiner Seele, zu dir spricht und dann vergib dir. Nimm dich in den Arm, entschuldige dich bei dir selbst. Wie auch immer es für dich vor deinem inneren Auge aussehen mag, vergib dir selbst.

Befreie dich selbst von der Last deiner eigenen Schuld. Das bist du dir schuldig! Es ist nur fair, wenn du jedem um dich herum vergibst, dir ebenfalls zu vergeben. Egal, ob es etwas ist, das du mit oder ohne Absicht gemacht hast, quäl dich nicht länger. Das ist hier und jetzt deine Chance, davon loszukommen, den Schmerz hinter dir zu lassen und dir zu vergeben. Sei es dir wert, es zu tun!

Und wie fühlt es sich für dich an, vergeben zu haben? Ist es nicht einfach nur befreiend und erleichternd, frei von Schuldgefühlen in jeglicher Form zu sein?

✦ Erfahre Heilung

Das, was du gerade erfahren hast, ist Heilung. Vergebung ist ein fester Bestandteil des Heilungsprozesses. Durch Vergebung heilst du. Zeit heilt alle Wunden, doch manches bedarf mehr als Zeit. Manches benötigt liebevolles Hinsehen und befreiendes Vergeben. Vor allem, wenn du den Entschluss gefasst hast, dich und deine Seelenaufgabe zu finden, kannst du dich nicht nur darauf verlassen, dass sich deine Wunden von alleine heilen.

Heilung ist kein kontinuierlicher Prozess. Es ist ein Auf und Ab der Gefühle, ein ständiges Vor und Zurück deiner Entwicklung und ein unbeständiger Kreislauf mit sich wiederholenden Themen. Es ist ein Prozess, der Zeit braucht. Es gibt keine Bedienungsanleitung, um zu heilen. Irgendwann kommt der Zeitpunkt, an dem du spürst, dass etwas in dir geheilt ist. Heile jeden Tag mit dem Lauf der Zeit und gib Energie in deine Heilung, setze dich dabei nicht unter Druck und vertraue dem Leben, dass es dich bei deiner Heilung unterstützen wird, dass du mit dir selbst ins Reine kommen du dich befreit haben und du bei deiner wahren Essenz ankommen wirst. Konzentriere dich auf dein Ziel, dein wahres Selbst und darauf, deine Seelenaufgabe zu finden und halte dir immer das Wesentliche vor Augen. Wenn du dich nicht mehr nur im Außen aufhältst, wirst du deinen inneren Frieden finden und mit ihm heilen. Dein innerer Frieden wird dir zeigen, dass du angekommen bist und sich all die Schritte deiner Reise gelohnt haben. Dein innerer Frieden wird dir zeigen, dass du dein Herz geöffnet und gelernt hast, zu lieben. Dein innerer Frieden wird dir immer wieder bewusst machen, an welchem Punkt du dich gerade befindest und dich daran erinnern, wo du hin möchtest. Er zeigt dir, dass du dich von alten Gewohnheiten befreit und dich Herausforderungen gestellt hast, gelernt hast, deine Gefühle, Wünsche und Bedürfnisse zu kommunizieren und die richtigen Menschen in dein Leben einzuladen und dich vom Rest zu verabschieden. Du lebst täglich in einer höheren Emotion der Dankbarkeit und hast all den Schmerz der Vergangenheit losgelassen, sodass du letztendlich all den Ursachen und Verursachern deiner Schmerzen vergeben konntest, um bei deinem inneren Frieden anzukommen. Durch diesen Prozess der Weiterentwicklung bist du nun an einem Punkt angekommen, der dir zeigt, dass du heilst. Schmerzen und innere Widerstände müssen keine weiteren Wunden verursachen oder dich von deiner Aufgabe abhalten.

Heilung begleitet dich als ein lebenslanger Prozess. Jedes Thema und Problem, jede Wunde und Selbstsabotage, jeder Widerstand und Schmerz hat seinen eigenen Zeitpunkt, um zu heilen. Es ist ähnlich wie beim Loslassen: Je tiefer der Schmerz sitzt, desto öfter müssen wir es heilen. Mein Heilungsprozess hat mich meine ganze Reise begleitet und begleitet mich noch immer. Es gab mehrere Zeitpunkte, an denen ich dachte, dass ich geheilt sei. Doch das war ich noch nicht. Ich musste verstehen, dass es ein Prozess ist. Ich musste lernen, mich stückweise von allem zu lösen, das mir auf der Seele lag. Ich löste mich von all dem, wovon ich dachte, dass es mich ausmacht. Ich bin immer noch ich, doch jetzt bin ich ein ganzes Stück heiler. Ich bin vollständiger und erfüllter, habe mehr Kraft und Energie, mehr Mut und Zuversicht, mehr Vertrauen und Licht.

Ich kann dir nicht sagen, wie genau du Heilung erfahren wirst. Es gibt verschiedene Mittel und Wege und es kann sicherlich auch eine Kombination sein. Doch du wirst es merken, wenn es geschieht. Du wirst merken, wenn du dich zu deiner wahren Essenz bekennen kannst und einfach nur sein möchtest.

Ich habe meinem Körper Aufmerksamkeit geschenkt, meinem Geist zugehört, meinem Herzen vertraut und meine Seele erlöst. Meine Vergangenheit habe ich hinter mir gelassen, meine Zukunft lasse ich offen und ich versuche, nur im jeweiligen Moment zu leben. Das bedeutet für mich, Heilung zu erfahren. Und so durfte ich Heilung erleben.

◆ Erlange Klarheit

Du hast dich befreit, losgelassen und losgelöst. Du hast deine Wunden gesehen, ihren Schmerz zugelassen und sie geheilt. Du haftest nicht mehr an deinen alten Gewohnheiten und Verhaltensmustern. Du hast Raum geschaffen, damit Neues entstehen kann. Durch diesen gewonnen Raum wird es dir leichter fallen, deinen inneren Frieden beizubehalten. Die Einflüsse der äußeren Welt können noch eine Zerreißprobe darstellen. Sie werden dich immer wieder vor Herausforderungen stellen und du musst dich jedes Mal aufs Neue dafür entscheiden, abzugeben und dir deinen Frieden nicht nehmen zu lassen. Mit deiner neuen inneren Ruhe fällt es dir leichter, deine Gedanken zu kontrollieren und deinen Fokus darauf zu lenken, was deine Aufgabe sein könnte. Deine Energie fließt dahin, wo du deinen Fokus setzt. Fokussierst du dich auf deine Klarheit, ohne dich nicht von äußeren Einflüssen ablenken zu lassen, wird die Klarheit bleiben. Wenn du weißt, was du willst und schnell erkennst, was du annehmen und abgeben musst, wirst du deine Klarheit nicht verlieren. Erst wenn du dich von deinen Gedanken und Emotionen wieder verstricken lässt, erhält dein Geist wieder einen Schleier und beginnt, gegen deine Klarheit zu arbeiten.

Doch Klarheit brauchst du, um den nächsten Schritt machen zu können. Nimm dir immer wieder kleine Auszeiten, Momente der Ruhe und Rückbesinnung, damit dein Geist klar bleibt und dein innerer Frieden im Gleichgewicht bleiben kann. Es ist wahnsinnig wichtig, dass du an diesem

Punkt deiner Reise ganz bei dir bleibst und dich voll und ganz dem Finden deiner Aufgabe widmest.

Klarheit ist die Fähigkeit, wertfrei, geordnet und eindeutig zu denken. Sind deine Gedanken frei, wird deine Intuition erwachen, indem du Zugang zu deiner inneren Intelligenz erlangst. Eine Situation neutral zu beurteilen, eine Entscheidung frei zu treffen, klar zu kommunizieren und ungehindert zu handeln, setzt Klarheit voraus. Wach zu sein, aufmerksam und achtsam zu sein, um Klarheit zu erlangen, ist somit ebenfalls ein Prozess. Auf deiner Reise wirst du merken, dass viele Prozesse parallel ablaufen, bis sie nach und nach an Beständigkeit gewinnen. Je sicherer und freier deine Prozesse ablaufen, desto erwachter bist du und desto freier lebst du dein authentisches Selbst. Mit dem Erwachen erhältst du einen besseren Überblick über deine emotionale Lage und dein Verständnis auf das Leben erweitert sich. Dadurch fällt es dir leichter, dich nicht nur auf die Wahrnehmung deiner Sinne zu konzentrieren, sondern auf deine innere Stimme, deine Intuition zu hören.

Klarheit zu erlangen bedeutet bewusster zu werden. Ein Prozess, der bereits vor allen anderen einsetzt. Mit jedem Muster, jeder Person und jedem Schmerzthema, das du hinter dir lässt, erlangst du immer mehr Klarheit. Der Nebel lichtet sich und die Sicht ist nicht mehr verschwommen, nicht mehr unscharf. Dein Weg erscheint vor dir, die Richtung ist klar und der nächste Schritt eindeutig.

Mit jedem Schritt, den du weitergehst, kommt mehr Klarheit hinzu. Du wirst feststellen, dass du nicht viel machen musst, sondern, dass es bereits ausreicht, wenn du offen bist und in Verbindung mit dir stehst und deinen inneren Frieden bewahrst. Übereile und überstürze nichts, mache eins nach dem anderen oder manchmal auch einfach gar nichts und es wird automatisch immer heller, immer deutlicher werden.

Gesunde Neutralität, Unerschrockenheit und Vertrauen werden Zweifel, Ängste und Sorgen ersetzen. Du wirst mehr Selbstvertrauen auf deiner Reise sammeln und dich von deiner Intuition leiten lassen können. Was einen großen und sehr positiven Schritt auf dem Weg deiner persönlichen Weiterentwicklung darstellt. Lässt du dich in das Netz deiner Intuition fallen, schenken dir Liebe und Vertrauen Halt. Halt, den du brauchst, um deinen inneren Frieden zu wahren und deinem Geist Offenheit zu schenken.

Sicherlich gibt es Tools und Techniken, mit denen du mehr Klarheit erlangen kannst. Doch bereits ein paar Minuten täglich bewusste Stille, in der du dich auf nichts konzentrierst, verhelfen dir zu mehr Klarheit und Freiraum in deinem Kopf. Versuche, dich im Alltag nicht zu sehr Entscheidungsdruck auszusetzen, verzichte auf deinen dauerhaften perfektionistischen Anspruch, jammere nicht über deine Situation oder dein Wohlbefinden, verzichte darauf, all deinen Rollen Tag für Tag gerecht werden zu müssen und beharre nicht darauf, Recht zu haben. Wenn du auf all das in deinem Alltag verzichtest, hast dich von den äußeren Einflüssen des Alltags befreit. Dein Geist hat nun viel mehr Raum, Kapazität und vor allem Klarheit.

Was ich zusätzlich gerne mache, um mehr Klarheit zu bekommen, ist, mir Dinge aufzuschreiben. Das macht es in erster Linie realistischer und greifbarer für mich. Was ich außerdem regelmäßig tue, um meine mentale Klarheit zu festigen, ist meditieren. Meditieren hilft mir, mich vom Alltagsstress und Leistungsdruck zu lösen und auf Widerstand und Ankämpfen zu verzichten. Während meiner Meditationspraxis habe ich in meiner äußeren Welt angefangen und bin zu meiner inneren Welt weitergegangen, habe diese durchdrungen, bis ich bei mir selbst ankam, bis ich das Leben klar und deutlich wahrnehmen konnte – in all seinen Facetten, in all seinen Nuancen und in all seiner Magie.

> Überlege dir, worauf du in deinem Alltag gerne verzichten möchtest, um deinen Geist zu entlasten? Leistungsdruck, zu viele Entscheidungen, Stress, Gejammere, Perfektionismus, all deine verschiedenen Rollen? Was auch immer es für dich sein mag, beginne mit einem davon und gehe Schritt für Schritt vor, um dich von den negativen Aspekten des Alltags zu befreien.

Mehr Klarheit konnte ich vor allem dadurch erlangen, dass ich nicht mehr alles und jeden bewertete. Dadurch hielt ich mich nicht nur weniger im Außen auf, ich lernte dadurch vor allem Menschen und Geschehnisse ganz anders zu betrachten. Es geht dabei nicht darum, keine eigene Meinung mehr zu entwickeln und sich nur noch im eigenen Zuhause zu verkriechen. Vielmehr geht es darum, den Menschen keine Etiketten mehr zu geben und den oberflächlichen Dingen keinen großen Wert mehr beizumessen. Mir selbst wurden immer Etiketten verpasst und teilweise waren es auch sehr verletzende Etiketten, wobei der in mir hervorgerufene Schmerz lange in mir festsaß. Und obwohl ich noch nie ein Mensch war, der anderen bewusst Schmerz zufügt, habe ich dennoch automatisch Etiketten verteilt. Alleine wie ich teilweise Leute beschrieben habe, damit Außenstehende sie zuordnen konnten. So etwas Sinnfreies! Statt bewertende und oberflächliche Attribute in Verbindung mit den Personen zu bringen, kann man genauso gut über eine wundervolle Eigenschaft, ein Talent oder etwas Ähnliches von dieser

Person erzählen, damit Außenstehende dem Sachverhalt besser folgen können.

Das Problem an Etiketten ist, dass sie haften bleiben. Sie bleiben da kleben, wo sie befestigt wurden. Und wenn du irgendwann den Mut aufbringst, sie abzureißen, bleiben dennoch Überreste davon zurück. Wofür also das Ganze? Die größere Gefahr ist, dass wir uns selbst an die Etiketten gewöhnen und sie verinnerlichen. Wir beginnen zu glauben, dass das, was auf dem Etikett steht, wahr sein könnte, denn es scheint von außen sichtbar zu sein. Wir denken nicht daran, dass es nur eine Projektion ist und identifizieren uns damit. Es wird ein Teil von uns und wir fügen uns den Schmerz permanent selbst hinzu. Ab dann gehört es zu unserer Identität, ohne dass wir es wollten und ohne dass wir es überhaupt sind.

Wir können uns bewusst dazu entscheiden, auch unbewusst keine Etiketten mehr zu verteilen. Weder dein altes, noch dein neues Ich haben etwas mit deinen Etiketten zu tun. Es war eine Projektion eines Menschen, der einen Ausgleich schaffen wollte, um sich besser zu fühlen, um eine Lücke zu füllen oder um eine Kompensation zu leisten. Wofür wir diesem Menschen nicht mal die Schuld geben dürfen. Denn auch er oder sie macht das aus einem Schmerz heraus. Davon abgesehen, bist du nicht, was andere über dich sagen. Du darfst dich von all deinen Etiketten der Vergangenheit lösen und sobald du dich löst, hörst du automatisch auch auf, welche zu verteilen.

Durch Stille kannst du am meisten Klarheit erlangen. Verbringe dafür weniger Zeit am Handy. Das verschafft dir mehr Ruhe und sorgt für weniger Ablenkung. Es holt dich aus dem Außen raus und bringt dich ins Innere. Stundenlanges Instagram Rauf-und-runter-Scrollen vermüllt dein

Gehirn. Dein Kopf ist dicht, noch bevor du aus dem Bett aufgestanden bist. All die Eindrücke, auch wenn du sie „nur" unbewusst wahrgenommen hast, müssen verarbeitet werden. Das raubt dir so viel Kraft und sorgt gleichzeitig für einen schnellen Dopamin-Kick. Du denkst automatisch, dass das Scrollen dich befriedigt hat. Eine Sucht entsteht. Und auf Dauer ist es wie mit jeder Sucht. Sie schadet dir nur. Du kannst nicht aufhören und suchst ständig nach der leichten Ablenkung und der schnellen Befriedigung. Setze dein Smartphone bewusst ein. Wache morgens langsam auf, meditiere, schreib in dein Journal. Nutze die Zeit für dich und dann nimm dir bewusst 10 Minuten Zeit für Nachrichten, E-Mails und so weiter. Mach deinen Wert nicht von Postings oder Followerzahlen abhängig. Weniger Zeit mit Daddeln zu verbringen, verschafft dir mehr Klarheit und Freiraum im Kopf. Setze dem Überfordern deines Gehirns ein Ende und schenk dir damit wieder ein Stück mehr Lebensqualität. Du wirst nichts verpassen, im Gegenteil, du verpasst etwas, wenn du dich selbst deinen freien Kapazitäten beraubst.

    Mehr Stille durch regelmäßiges Meditieren, lange Spaziergänge und das bewusste Lösen alter Muster sorgten für viel mehr Klarheit in meinem Geist. Zu Beginn meiner Reise setzte ich meinen Fokus auf einen yogischen Lebensstil und integrierte yogaphilosophische Aspekte in meinen Alltag. Im Yoga heißt es, dass Nicht-Anhaften einer der Schlüssel auf dem Weg zur Erleuchtung sei, denn dann bist du frei von jeglicher Identifikation. Du haftest nicht mehr an der Vergangenheit, Gegenständen, Vorstellungen oder Personen. Du bist frei, offen und lebst das Leben in vollem Vertrauen. Durch das Anhaften stehen wir in einem ständigen Identifikationsprozess, der auf Oberflächlichkeiten, Erinnerungen, Emotionen, Gegenständen oder Denkmustern beruht. Dadurch steht das Ego permanent im Vordergrund und alles erhält eine Bewertung. Nicht mehr an etwas zu haften, bedeutet nicht, dass dir alles egal wird oder du keinen Wert mehr auf dein Äußeres legen solltest. Es bedeutet auch nicht, dass du auf Dinge, die dir guttun, verzichten musst. Nicht-Anhaften bedeutet, dass du dich nicht mehr mit all dem identifizierst.

Ein Beispiel: Du hast einen gut bezahlten Job und könntest dir ein super Hotelzimmer in einem schönen Hotel leisten. Das darfst du, aber dir ist bewusst, dass dein persönlicher Wert nicht davon abhängt. Es ist letztendlich nur ein schönes Hotelzimmer. Dadurch veränderst du weder deinen Charakter noch sagt es etwas über deinen Charakter aus. Du identifizierst dich nicht damit. Du buchst dieses Zimmer, weil du es dir zum einen leisten kannst und zum anderen, weil du dich vielleicht darin wohler fühlst als in einem Gruppenzimmer eines Hostels. Das Gleiche gilt auch andersrum: Fühlst du dich wohler in einem Gruppenzimmer im Hostel, ist es nur ein Gruppenzimmer im Hostel, dein Wert hängt nicht von der Wahl des Zimmers ab. In deinem Kern bist du du. In deinem Kern schlummert dein wahres Selbst und das braucht weder das eine noch das andere Zimmer. Es möchte einfach frei sein, sich frei entfalten und einfach sein dürfen.

Ein weiteres Beispiel ist Geld. Vielleicht kennst du das: Etwas Unerwartetes passiert, du brauchst einen neuen Reifen oder die Waschmaschine geht kaputt. Dafür musst du Geld von deinem Ersparten nehmen. Du hast hart dafür gearbeitet und lange gespart. Fakt ist, es würde dir weniger wehtun, wenn du nicht an deinem Ersparten und am Geld haften würdest. Geld kommt, Geld geht. Geld muss immer fließen, und zwar in beide Richtungen. Es trägt nichts zu deinem Charakter bei. Denn egal, wie viel Geld du hast, es definiert nicht, welche

Werte du in dir trägst und welche Einzigartigkeit in dir steckt. Meistens haften wir an den materiellen und oberflächlichen Dingen und halten uns dadurch viel mehr im Außen auf. Die Figur, das Gesicht, die Kleidung, der Job und der Kontostand stellen eine leichte Ablenkung für uns und unsere Gedanken dar. Wir müssen nicht über uns selbst nachdenken und Antworten auf die essentiellen Fragen des Lebens suchen. Erst wenn du diese Ablenkungen ablegst, hast du Kapazitäten zu entdecken, was in dir steckt, wo noch unentdecktes Potenzial schlummert und wie du es aktivieren kannst. Um mehr Klarheit zu erlangen, brauchst du mehr freie Kapazitäten in deinem Kopf und weniger sinn- und wahllose Gedanken. Klarheit im Innen schafft Klarheit im Außen. Klarheit im Kopf ist etwas Wertvolles: Doch sie kommt nicht von alleine. Nimm dir ausreichend Zeit für dich, fange wieder an, regelmäßig etwas für dich zu tun, ohne Handy. Nimm ein Bad, gehe zum Yoga, beginne mit einer Meditationspraxis oder probiere etwas zum ersten Mal aus. Lies ein Buch, gehe alleine Kaffeetrinken und beobachte die Menschen, ohne sie zu bewerten, oder lege dich auf eine Wiese und schau, wie die Wolken an dir vorbeizuziehen. Solltest du ein Kind oder mehrere Kinder haben, dann widme dich ganz ihnen. Dein Kopf wird automatisch freier und klarer, wenn du entschleunigst und dir Zeit nimmst, im Hier und Jetzt zu leben. In der Klarheit werden deine Gedanken zu dir sprechen und du hast endlich Kapazitäten, ihnen zuzuhören. Höre deinen Gedanken zu und laufe nicht vor ihnen weg. Sie haben interessante und vor allem wichtige Botschaften, die sie dir überbringen möchten. Achte auf deinen inneren Frieden und lasse dich nicht durch äußere Einflüsse aus der Ruhe bringen. Denn du brauchst diese Klarheit, um dich darauf zu konzentrieren, dein wahres Selbst und deine Aufgabe zu finden.

Entdecke dein *wahres Selbst*, finde deine *Aufgabe* und *lebe*.

Finde deine Aufgabe

Mit deiner neu gewonnenen Klarheit kannst du dich mehr auf das Finden deiner Aufgabe konzentrieren. Die Aufgabe seines Lebens zu finden, kann angsteinflößend sein. Denn sobald du sie gefunden hast, denkst du, du könntest deinem Glück kaum trauen. Du kannst es nicht in Worte fassen, wie es sich anfühlt, wenn du merkst, dass du deine Aufgabe gefunden hast. Es ist befreiend, erfüllend und einfach nur einzigartig. Es fühlt sich an, als wärst du in einem Film und würdest von außen auf dich selbst und dein Leben schauen. Du siehst dir zu, wie du Teil deines eigenen Films bist, Teil deines wahr gewordenen Traums. Und genau das ist es auch, ein wahr gewordener Traum. In dem Moment, in dem du deine Aufgabe gefunden hast, stellst du fest, dass dein Herzenswunsch in Erfüllung gegangen ist.

Es geht immer alles von deinem Herzen aus, daher ist der erste Schritt, um deine Aufgabe zu finden, dein Herz zu fragen, was es sich wünscht. Frage dein Herz:

> Was wünsche ich mir für mein Leben? Was ist meine Aufgabe? Es wird dir eine Antwort geben und diese wird dir zeigen, was der nächste Schritt ist. Und so leitet es dich Schritt für Schritt zu deiner Seelenaufgabe, zu dem Sinn deines Lebens.

Hab Vertrauen und höre gut zu. Unser Herz weiß am besten, was wir uns wünschen. Es weiß, was unsere Aufgabe ist, noch bevor es unser Verstand realisiert hat. Es steht in Verbindung zu unserer Seele und kommuniziert zwischen innerer und äußerer Welt. Unser Herz kennt daher alle Antworten. Wir haben nur verlernt, ihm zuzuhören. Wir haben verlernt, uns die Zeit zu nehmen, unser Herz zu befragen, die Antwort abzuwarten und diese genauestens anzuhören. Wir haben verlernt, der Antwort zu folgen und lassen uns immer und immer wieder von den äußeren Einflüssen leiten, statt den nächsten Schritt unseres Herzens zu folgen. Doch die Verbindung zu deinem Herzen wird umso stärker, je mehr du sie nutzt. Umso mehr du in die Verbindung gehst und deinem Herzen folgst, wirst du genau da ankommen, wo du hingehörst – in Alignment mit deinem Leben, mit deiner Bestimmung, mit deiner Aufgabe und vor allem mit dir selbst.

Die essenziellen Fragen des Lebens: Es kommt ein Zeitpunkt in deinem Leben, an dem du beginnst, dein bisheriges Leben infrage zu stellen und deine Vergangenheit aufzuarbeiten. Du stellst die Menschen, deinen Job, deine Familie in Frage. Bis du bei dir angekommen bist und dann dich und dein ganzes Leben in Frage stellst. Du fragst dich, warum du an dem Punkt in deinem Leben bist, an dem du dich gerade befindest und ob du dort richtig bist oder ob du eine andere Abzweigung hättest nehmen sollen. Du bemerkst, dass alte Themen, Wunden und Erinnerungen hochkommen und du fragst dich, warum das so ist. Was aus der Vergangenheit ist noch immer Ballast für dich? Du stellst dich den Themen, Wunden und Erinnerungen. Und schon hast du deine Reise begonnen, ohne es richtig zu merken.

Du arbeitest deine Erlebnisse auf, positive wie negative. Manches ist hartnäckig und anderes wiederum fällt dir leichter als gedacht. Vieles kommt hinzu, einiges löst sich von alleine. Und doch fragst du dich, warum du eigentlich hier bist. Aber auch an dieser Stelle deiner Reise ist die Frage noch immer nicht, warum du hier bist, sondern was deine Aufgabe ist und was dein wahres Selbst braucht, um sie zu erfüllen.

Ich bin der felsenfesten Überzeugung, dass wir dem Warum zu viel Wert und Bedeutung beimessen. Wen interessiert denn schon der Grund? Wenn wir es einmal ganz genau nehmen, ist es das Ego, das sich da zu Wort meldet und dessen Neugier und Sehnsucht nach Anerkennung und Bedeutung befriedigt werden möchte.

> Und jetzt stell dir vor, du würdest dein Ego zur Seite schieben und der Grund wird dir auf einmal egal. Welche Frage erscheint dir dann? Die Frage nach dem was, oder? Also, was ist deine Aufgabe hier? Und an diesem Punkt kommt dein Herz wieder ins Spiel: Tritt in die Verbindung zu deinem Herzen und frage es nach deiner Aufgabe. Was ist die Aufgabe deines Lebens? Was ist deine Soul-Mission? Wofür brennt dein Herz? Kennst du deine Aufgabe bereits? Weißt du, warum du hier bist? Ist dir bewusst, dass es die eine Aufgabe gibt, die nur für dich bestimmt ist?

Vielleicht ist es dein derzeitiger Job. Vielleicht weißt du es aber auch noch gar nicht. Vielleicht bist du anderer Meinung und denkst nicht, dass es nur eine Aufgabe für jede:n von uns gibt. So oder so, es wird der Zeitpunkt in deinem Leben kommen, da nehmen die essenziellen Fragen zu, dein Leben nimmt eine Wendung an und du wirst zu deiner Aufgabe geführt. Die einzige Voraussetzung ist, dass du darum bittest und dass du bereit bist, deinen Teil dazu beizutragen, um dorthin zu kommen.

So sehr ich Marketing liebe, ich weiß, es ist nicht meine Aufgabe, den Job als Marketing Managerin auszuüben. Es ist sicherlich Bestandteil meiner Aufgabe, aber meine Aufgabe definiere ich anders. Die eigene Aufgabe definiert sich nicht über deine Identität. Sie definiert sich über dein wahres Selbst. Mit dem Job als Marketing Managerin identifiziere ich mich. Es stellt eine meiner Rollen dar, doch mein wahres Selbst spricht von einer anderen Bestimmung. Eine Bestimmung, die in ihrer Form nur für mich bestimmt wurde. Und aus diesem Grund bin ich überzeugt, dass wir alle nur eine Aufgabe haben, eine einzige Soul Mission. Der Grund, weshalb wir hier sind und weshalb unsere Seele so dringend gehört werden möchte. Für den Moment mag es dir anders erscheinen und du denkst vielleicht gerade, dass du dich eben nicht auf nur eine Sache festlegen möchtest. Und das musst du auch nicht. Denn all die anderen Puzzleteile, auf die du nicht verzichten möchtest, können Bestandteile deiner Soul-Mission sein. Aber dazu komme ich noch.

Also lass uns nochmal einen Schritt zurückgehen und frage dich: Wer bin ich?
Du denkst jetzt sicherlich an die verschiedenen Rollen, die du in deinem Leben ausübst. Das ist gut, sie sind immerhin Bestandteil deines Lebens.

Doch wer steckt
hinter diesen Rollen?
Wer bist du?
Frei von deinen *Rollen,*
frei von den dir selbst
auferlegten *Etiketten*
und denen der anderen.
Wer bist du?

Versuche, an die wahre Essenz, die sich tief in dir verbirgt und die so gerne mehr gesehen werden möchte, zu gelangen. Es geht dabei auch nicht mehr darum, wer du einmal warst oder um die Vorstellung, wer du gerne sein möchtest. Sondern wer du in deinem tiefsten Inneren bist? Was sagt dir dein Herz, wer du bist? Was sagt dir dein Herz, was dein größter Wunsch ist? Kannst du über diesen Wunsch deine Aufgabe ableiten oder besser zuordnen?

Es gibt einen ganz bestimmten und individuellen Weg für dich, wie du deine Aufgabe zum richtigen Zeitpunkt in deinem Leben herausfinden wirst. Hör auf dein Gefühl. Das erste Gefühl, das du hast, ist immer das Richtige. Und so kommst du Frage für Frage, Antwort für Antwort deinem Selbst und deiner Bestimmung näher und kannst dich dann fragen: Was ist meine Aufgabe?

Ich nenne die eine, für einen bestimmte Aufgabe gerne Soul-Mission. Denn Soul-Mission bedeutet, den Auftrag deiner Seele auszuführen. Deine Seele, die mit Sicherheit schon viele Jahre auf dieser Erde verbracht hat, unter Umständen sogar verschiedene Leben gelebt hat, ist wieder hier angekommen, damit du die Aufgabe, die diese Seele in sich trägt, ausführst. Es ist deine Mission, diese Aufgabe zu finden und sie umzusetzen, dein Leben danach auszurichten und ihr zum höchsten Wohle aller nachzugehen. Frage dein Herz nach deiner Aufgabe und es wird dich zu deiner Soul-Mission führen. Dein Herz wird dir den Weg zeigen, den du gehen musst, um deine Aufgabe zu finden und um diese zu deiner Soul Mission zu machen. Denn dessen Erfüllung wird deine Erfüllung sein. Die Erfüllung deiner Soul-Mission wird deine Erlösung sein. Und genau darauf wartet deine Seele. Sie wartet darauf, dass nach so vielen Leben, die sie hinter sich hat, du nun endlich der- oder diejenige bist, der den Wunsch dieser Seele erfüllt und mit Leben füllt, sich seiner Aufgabe völlig hingibt.

Deine Soul-Mission stellt eine Investition in deine Seele dar. So wie wir in Freundschaften oder Beziehungen investieren, so investierst du in dich, in deine Seele und in die Erfüllung deines Sinns. Du begibst dich auf die Mission, die für deine Seele bestimmt ist, die deine Seele in sich trägt und auf deren Umsetzung sie wartet. Die Soul-Mission geht in die Tiefe und zeigt die wahren Qualitäten deiner Ebenen, bei deiner Seelenaufgabe geht es nicht um Oberflächlichkeiten. Es ist das, was dir Kraft gibt, was deine Lebensfreude entfacht, was dich antreibt und was Fülle kreiert. Du erlangst deinen inneren Frieden, lernst die wahre Freude und den Sinn deines Lebens kennen.

So, wie du den Ruf deiner Seele nach Heilung gehört hast und dem gefolgt bist, so wird dich deine Seele ebenfalls rufen, wenn du bereit bist, deine Aufgabe anzutreten. Vertraue dem Timing des Lebens und sieh zu, wie sich dein Leben genau zum richtigen Zeitpunkt vor dir entfaltet. Und während du diese Zeilen liest:

> Hast du einen Gedanken, was deine Soul-Mission sein könnte, oder? Was sagt dir jetzt gerade dein Gefühl, wer du bist und was deine Aufgabe sein könnte?

Dich zu fragen, wer du bist, ist eine unglaublich schwierige Frage, denn meistens kommen einem automatisch genau jene Wörter in den Sinn, die du selbst immer in sämtlichen Vorstellungsrunden benutzt hast, die du bei Persönlichkeitstests herausgefunden hast oder die du bekommen hast und die dir ganz gut gefallen haben. „Hi, mein Name ist Alisa und ich bin Mutter, liebe die Sonne, lese gerne und habe ein

gemütliches, sanftes Gemüt. Ich bin manchmal etwas stur und kann sehr gut Aufgaben delegieren. Behalte immer das große Gesamtbild im Blick und bin doch auch gerne mal vergesslich. Ich bin verständnisvoll, ehrlich und authentisch."
Klar, weißt du jetzt einiges mehr über mich, aber im Grunde genommen auch nicht. Denn: Was sagt diese Aussage über mich aus? Es sind nur Eigenschaften, die mir anhaften, weil sie wiederholt in meinem Leben auftauchen. Ich benutze sie aus Gewohnheit, doch aussagekräftig sind sie nicht.

Würdest du dich nicht auch als verständnisvoll, ehrlich und authentisch bezeichnen? Was meinst du, wie viele jetzt Ja sagen würden? Ich glaube, eine ganze Menge. Denn wir suchen uns immer die schönen und positiven Eigenschaften aus, aber sagen sie wirklich viel über uns aus? Über das, was dein Wesen ausmacht? Doch, wenn ich dir sage: „Hi, mein Name ist Alisa und mit dem Mamawerden kam die größte Erkenntnis meines Lebens:

Ich darf meinen *emotionalen Ballast* nicht an unser Kind weitergeben und möchte daher versuchen, zur *bestmöglichen Version von mir selbst* zu werden. Mit diesem *Entschluss* veränderte sich mein Leben *schlagartig.*

Mein Weg veränderte sich, mein Umfeld veränderte sich, ich veränderte mich. Auf dieser Reise habe ich mich selbst und meine Seelenaufgabe gefunden." Damit kannst du schon mehr anfangen, oder? Denn da spricht eine tiefe Erkenntnis aus mir. Die pure Wahrheit, der ich mich mutig gestellt habe. Mein tiefes inneres Selbst, dessen Hüllen ich habe fallen lassen. Wer du wirklich bist, kann dir nur dein wahres Selbst beantworten.

Dein Leben lang lernst du Dinge kennen, sammelst das an, mit dem du dich identifizieren kannst, glaubst, du wüsstest, wer du bist, weil du dich schließlich damit identifizierst. Und dann sollst du plötzlich all das wieder ablegen und dich nackt dir selbst stellen? Ja, nichts anderes solltest du tun, sollten wir alle tun. Und es wird sicherlich seine Zeit in Anspruch nehmen, dich vorerst davon zu befreien und dir eine neue, tiefere Identität zuzulegen. Daher ist Schritt 1, überhaupt herauszufinden, womit du dich identifizierst.

> Was sind deine Rollen? Wie würdest du dich selbst beschreiben? Wie würde dich eine dir sehr nahestehende Person beschreiben? Was sind Eigenschaften, auf die viel Wert gelegt wird? Und welche formulierst du extra um? Welche versteckst du oder verheimlichst du? Identifiziere deine Identifikation.

Denn eine Identifikation schafft Anhaftung. Das bedeutet, jede Identifikation trägt ihr eigenes Päckchen, gefüllt mit Geschichten, Emotionen, Glaubenssätzen und vielem mehr. Als Beispiel, dass ich mich als ehrliche Person beschreibe, beinhaltet die Geschichte, dass ich oft gerade heraus gesagt habe, was ich dachte, ohne zuvor darüber nachgedacht zu haben. Ich habe oft eine Meinung, eine Lösung oder weiß es manchmal auch einfach besser aufgrund meines Wissens oder meiner Erfahrung. Doch würde ich mich damit identifizieren, würde ich automatisch weniger sympathisch wirken. Dabei steckt hinter dieser Ehrlichkeit nur die ehrliche Absicht, zu helfen. Doch nicht jede:r möchte ungefragt Hilfe bekommen. Also habe ich über die Jahre gelernt, meine ehrliche Art bzw. meine Antworten wohldosiert und erst nach Aufforderung oder nach einer klaren Einladung dazu kundzutun. Und habe mich somit von dem Päckchen befreit. Denn in dem Päckchen versteckte sich ganz viel Schmerz, der meiner Ehrlichkeit in Form von Wut, Frust und Widerstand entgegengebracht wurde. Und diese Anhaftung (Päckchen) an meine Identifikation (mich selbst als ehrlich zu bezeichnen) erzeugte Ballast (Unsicherheit, unausgesprochene Meinungen und somit auch Scham und Angst vor Ablehnung).

Anhaftungen erzeugen Ballast. Ballast ist nicht rein, neutral, wert- oder schmerzfrei. Im Gegenteil: Anhaftungen und Ballast stören die Verbindung, sie trennen dich von dir selbst. Sie stören den Wunsch deiner Seele nach Vollkommenheit. Sich von seinem Ballast, seinen Anhaftungen und somit auch von seinen Identifikationen zu befreien, lässt deine Seele vollkommen werden.

Der schwierige Prozess des Freiwerdens und Loslassens bringt dich Schicht für Schicht deinem wunderschönen, reinen und einzigartigen Selbst näher. Das Selbst, das du unter Verschluss hältst. Das Selbst, das deine Aufgabe kennt. Das Selbst, das hier ist, um dir das Leben zu schenken, das du verdient hast zu leben.

Daher ist Schritt 2, dich von deinen Anhaftungen zu befreien. Mach dir bewusst, was tief hinter deiner Aussage über dich steckt und warum du dich mit den Eigenschaften bezeichnest, mit denen du dich bezeichnest. Befreie dich davon und lerne, damit umzugehen. Es ist ein langer Prozess, der viel und kontinuierliche Aufmerksamkeit und Arbeit bedarf. Doch das zeichnet sich aus, weil der Ballast, der in dem Päckchen versteckt war, sich aufgelöst hat. Und du nun viel leichter bist. Mehr Raum geschaffen hast, dieser Eigenschaft wahrhaftige Bedeutung zu geben. Denn ich weiß nun, wie ich meine Ehrlichkeit einsetzen kann und was ich damit bewirken kann. Diese Wirkung entspricht meiner Intention, dem Grund, weshalb ich tue, was ich tue. Und mir somit ganz ehrlich und aufrichtig das Leben zu kreieren, das ich mir wünsche, zu leben.

Wie sieht das Leben aus, von dem du glaubst, dass du es verdient hast, zu leben? Ich verrate es dir: Es ist das Leben, das du leben wirst, wenn du dein wahres Selbst nicht mehr versteckst, deine Aufgabe annimmst und beginnst, diese umzusetzen.

SCHRITT 1: Identifiziere deine Identifikationen.

SCHRITT 2: Finde heraus, was hinter deinen Anhaftungen steckt – welche Geschichte verbirgt sich?

SCHRITT 3: Gib dir selbst mehr Tiefe, indem du dich vom Ballast der Geschichte befreist (das bedeutet nichts anderes als loszulassen!).

SCHRITT 4: Baue wieder eine Verbindung zu dir auf, indem du erkennst, wann du deine Eigenschaften zeigen und voll dahinter stehen solltest.

SCHRITT 5: Geh in die Vollkommenheit – teile deine Eigenschaft, wann immer sie einen Mehrwert für deine Mitmenschen erschafft und deine

Intention dahinter erfüllt (keine Sorge, das ist wirklich Übungssache und dauert seine Zeit).

SCHRITT 6: Erkennst du ein Muster? Welche Eigenschaften wiederholen sich mit gleichbleibender Absicht? Entspricht das vielleicht deinem Herzenswunsch? Oder sogar deiner Aufgabe?

SCHRITT 7: Wenn die Antwort auf Schritt 6 ein Fullbody-Yes ist, dann hast du deine Aufgabe gefunden, oder? Der nächste Schritt wird automatisch folgen.

Ich muss zugeben, dass ich das Vertrauen in das Timing ziemlich schwierig fand. Meistens wollte ich weiter sein, als ich konnte. Ich hatte immer das Gefühl, bereit für das Nächstgrößere zu sein, ohne wirklich dafür bereit zu sein. Doch irgendwann fragte ich nicht mehr nach dem Warum und verstand, dass ich bereits dabei war, in die nächste Version hineinzuwachsen. Ich hörte auf, an dem Vergangenen zu haften und konnte mich davon lösen. Ich konnte mehr meinem Gefühl vertrauen und war bereit, den Schritt ins Ungewisse zu wagen.

Das Ungewisse machte mir keine Angst mehr. Ich folge meiner Intuition, meinem Bauchgefühl. Mein Herzenswunsch kam mir immer öfter in den Sinn, immer mehr Gedanken bildeten sich um diesen Wunsch, bis der Wunsch zu meiner Aufgabe wurde und ich die ersten Steine ins Rollen brachte. Ich ging die ersten Schritte und überwand jede Hürde, die noch auf mich wartete. Und schon steckte ich mitten in der Ausführung meiner Aufgabe. Ich hatte bereits angefangen, meiner Aufgabe nachzugehen, ohne es richtig gemerkt zu haben, weil es sich so richtig und natürlich anfühlte. Meine Aufgabe wurde mir immer bewusster. Das Gefühl, das ich eingangs beschrieben habe, befreiend und erfüllend zugleich, wurde immer spürbarer und greifbarer. Alles, was für die Umsetzung notwendig war, kam auf mich zu und ich konnte loslegen. Und hier bin ich nun, mitten in meiner Aufgabe, auf dem Weg, den Sinn meines Lebens zu leben.

Beginne umzusetzen

Die neu gewonnene Klarheit wird dir helfen, deine Aufgabe in die Tat umzusetzen. Sie wird dich dabei unterstützen, deine Aufgabe überhaupt erst zu erkennen. Und sobald du sie erkannt hast, geht dein Herz auf und du hast nur noch ein Ziel vor Augen: Wie schaffe ich es, meine Aufgabe umzusetzen? Was muss ich dafür tun? Was ist der nächste Schritt?

Die Umsetzung ist kein leichtes Thema. Sie unterscheidet sich immer in der Ausgangslage, Vorgeschichte und Art. Wir alle starten von unterschiedlichen Punkten aus. Sei es auf die Lebensphase oder das Alter bezogen, auf den Familienstand oder die berufliche Situation. Wir alle haben eine andere Vorgeschichte, die uns an diesen Startpunkt im Leben gebracht hat und dessen Relevanz ganz entscheidend für die Umsetzung sein wird. Und wir alle haben eine einzigartige Art und Weise, Dinge umzusetzen. Die grobe Einteilung wäre in Macher und keine Macher. Dein Naturell, dein System, deine Veranlagung, das, was du nicht ablegen kannst, ist maßgeblich für die Umsetzung. Deine Einzigartigkeit wird sich in jedem deiner Schritte widerspiegeln. Allerdings bin ich der Meinung, dass, wenn du deine Aufgabe gefunden hast, du automatisch zu einem Macher bzw. einer Macherin wirst. Denn du beginnst zu recherchieren, Weiterbildungen zu machen, Mittel und Wege zu finden, voranzukommen. Manchmal wird dir der nächste Schritt aus dem Nichts erscheinen und je befreiter du bist, desto sicherer wirst du mit jedem Schritt und kommst ab einem gewissen Zeitpunkt ganz alleine ins Tun. Du erkundigst dich, beginnst zu lesen und zu recherchieren, hörst auf dein Gefühl. Du stellst Fragen, hörst besser zu, siehst genauer hin. Tägliche Selbstreflexion wird zum Automatismus. Die Freude an neuem Wissen wächst immer weiter. Du arbeitest dich in dein Thema hinein, ohne dass du es merkst, und findest so Puzzleteil für Puzzleteil. Du setzt die passenden Teile zusammen und erkennst nach und nach, welches Gesamtbild sich ergibt. Du erkennst das große Ganze, nimmst alle Bestandteile noch einmal einzeln wahr und dir wird der Sinn dahinter klar. Mit jedem Teil wird die Bedeutung deines Tuns klarer und du findest auf einmal, ohne danach zu suchen, weitere Puzzleteile. Bis du realisierst, dass du bereits mitten in der Umsetzung steckst, ohne es gemerkt zu haben. Mit jedem Schritt manifestiert sich deine Vision mehr und mehr, deine Intention wird deutlicher, dein Herz erfüllter. Und von da an weißt du, dass das, was du tust, genau das Richtige ist und du hältst an deiner Vision an deinem Wunsch auf eine gesunde Weise fest, ohne verbissen zu werden. Denn du gehst einfach Schritt für Schritt voran, ohne Eile, ohne Zwang und frei von Druck.

Für jede und jeden von uns sieht die Umsetzung anders aus. Es gibt kein Patentrezept, keine Bedienungsanleitung oder „den einen" Wegweiser. Es gehört zum eigenen individuellen Weg dazu, herauszufinden, wie man selbst seine Reise bestreitet. Du wirst es spüren und intuitiv handeln und vor allem wirst du darin mit der Zeit viel sicherer werden. Versuche nicht, alles verstehen zu wollen und für alles eine Begründung zu finden. Schalte deinen Verstand auch mal aus und fühle einfach. Geh ins Spüren und nimm wahr, was dir dein Gefühl sagen möchte. Du kennst nun deine Aufgabe.

> Was sagt dir also dein Gefühl? Bist du hier richtig? Ist das der richtige Schritt? Oder bedarf es einer Kurskorrektur? Hast du überhaupt schon angefangen, umzusetzen? Oder sammelst du noch Mut? Was sagt dir dein Gefühl? Fühlt es sich richtig und gut an? Oder brauchst du etwas? Wenn ja, was brauchst du? Was brauchst du, um deine Soul-Mission im völligen Alignment umsetzen und leben zu können?

Was auch immer deine Aufgabe ist, du weißt, wie du loszulegen hast. Du weißt, wie es weitergeht. Und auch wenn du nicht weißt, wie es weitergeht, dann weißt du es im Grunde genommen doch. Denn dann ist es an der Zeit für eine Pause. Dann ist es an der Zeit, dem Universum zu vertrauen und die Kontrolle abzugeben und ehe du dich versiehst, geht es schon wieder weiter und du steckst wieder mitten in der Umsetzung und bist mindestens einen Schritt weiter als vorher. Also leg los und trau dich, was auch immer deine Aufgabe ist und was auch immer den ersten Schritt erfordert. Du weißt es und wirst es intuitiv richtig machen. Die Umsetzung beginnt mit dem Losgehen. Und das ist bereits der schwierigste Schritt auf deiner ganzen Reise. Doch soll ich sagen, was mich immer motiviert? Der Gedanke, dass ich dieses Leben in dieser Form nur ein einziges Mal leben werde. Möchte ich also wirklich riskieren, nie das zu tun, was meine Seele und mein Herz erfüllen wird?

Mit dem ersten Schritt ist die Umsetzung deiner Seelenaufgaben bereits im vollen Gange. Und dieser ist für uns alle der gleiche: der Entschluss, beginnen zu wollen. Mit dem Entschluss, beginnen zu wollen, beginnst du mit der Umsetzung deiner Soul-Mission. Denn die entscheidenden Wendepunkte im Leben folgen immer auf Entscheidungen. Ohne den Entschluss zu fassen, beginnen zu wollen, etwas in deinem Leben verändern zu wollen, dich von deinem emotionalen Ballast befreien zu wollen, wird nichts passieren. Du kannst passiv darauf warten, dass sich das Blatt wendet und alles „besser" oder „anders" werden wird. Oder du nimmst dieses wundervolle Leben, das dir geschenkt wurde, selbst in die Hand und fasst einen Entschluss. Sei proaktiv und verlasse deine Komfortzone der immer wiederkehrenden Spirale von Wiederholungen. Denn dieser erste Entschluss wird dir in die Tiefe helfen und einen Wendepunkt für dich darstellen.

Knackpunkt an der ganzen Sache ist: Entscheidungen zu treffen muss entweder gelernt sein oder etwas Gravierendes muss deine Entscheidung beeinflusst haben, sodass du sie leichter treffen konntest. Meistens begreifen wir immer erst dann, dass sich etwas ändern muss, wenn schwerwiegende Konsequenzen auftreten oder es fast schon zu spät ist. Doch im Grunde genommen ist es nie zu spät. Du kannst alles in deinem Leben lernen, auch Entscheidungen zu treffen. Wie auch die Entscheidung, den Entschluss zu treffen, jetzt zu beginnen.

Entscheidungen zu treffen, gehörte bisher nie zu meinen Stärken. Ich hatte immer Angst, mich falsch zu entscheiden und mit negativen Folgen umgehen zu müssen. Doch im Nachhinein waren es immer nur die Entscheidungen, die ich nicht selbst getroffen habe und die mir wegen zu langem Zögern abgenommen wurden, die sich falsch angefühlt haben. Im Grunde genommen gibt es aber auch keine falschen Entscheidungen, denn in dem Moment, in dem du deine Entscheidung triffst, weißt du es ja nicht besser. Das weißt du immer erst im Nachhinein. Du brauchst keine Angst vor der Entscheidung, dem Entschluss oder vor dem ersten Schritt zu haben. Sei mutig und traue dich einfach. Was auch immer deine ganz persönliche Aufgabe ist, ich bin überzeugt, der Entschluss anzufangen, ist leichter getroffen, wenn du dir vor Augen hältst, wofür du es tust.

> Warum ist das deine Soul-Mission? Wofür tust du es? Was sind Sinn und Zweck dahinter? Was möchtest du damit bewirken?

Wenn dir die Intention hinter deiner Aufgabe bewusst ist, dann fasst sich der Entschluss, mit der Umsetzung zu beginnen, ganz von alleine. Und ab dann kümmert sich das Universum um das Wie. Versuche nur, das Vertrauen zu entwickeln, deiner Intuition zu folgen, und gib diesem Prozess Zeit.

Meine Umsetzung begann mit dem Entschluss, mehr Freiheit und Leichtigkeit spüren zu wollen. Ich wollte meinen emotionalen Ballast loswerden, um die bestmögliche Version von mir selbst werden zu können. Und vor allem wollte ich meine Päckchen nicht an unseren Sohn weitergeben. Mein Leben sollte sich nicht mehr so schwer und fremdbestimmt anfühlen. Ich wollte das Leben genießen, keinen inneren Stress, keine Angst mehr haben. Tag für Tag tragen wir eine riesige Last mit uns rum. Eine Last, die wir nicht tragen müssten, doch aus Angst, was sich unter der Last verbergen könnte, tragen wir sie lieber unser Leben lang mit uns herum.

Die Ursachen dieser *Last* bereiten uns eine so *große Angst*, dass Last und Angst *leichter* zu ertragen sind, als sich davon zu befreien. Die *Schwere* ist *leichter* zu ertragen als die *Leichtigkeit.*

> Und das bezeichnet man als Sinn des Lebens? Als lebenswert? Das soll uns die Schöpferkraft geben, das Leben zu kreieren, das wir uns zu leben wünschen? Ein Leben in Freiheit und Fülle, in Liebe und Vertrauen soll auf Schwere und Angst gründen? Ganz sicher?

Ich glaube nicht. Ich glaube das absolut nicht. Denn wenn du mich fragst, gründet ein freies, selbstbestimmtes Leben auf Leichtigkeit. Auf der Leichtigkeit des Seins. Des reinen Seins, befreit von jeglicher Last und Schwere. Deine innere Welt erzeugt deine äußere Welt, denk immer daran.

Was brauchst du, um deine innere Welt von der Last der Vergangenheit befreien zu können? Was brauchst du für den ersten oder nächsten Schritt auf deinem Weg in die Umsetzung? Auch wenn sich das Universum um das Wie kümmert, solltest du versuchen, nie deine Intention aus den Augen zu verlieren, denn sie bildet deinen Fokus. Alles, was du tust, erhält mehr Sinn, Wertigkeit und Tiefe, wenn du dem eine Intention gibst. Eine Intention ist eine Absicht, ein Bestreben. Dein Wunsch und Streben nach der Erfüllung deiner Vision. Deine Intention sollte immer in deinem Fokusfeld sein. Sie sollte dich bei deinen Schritten begleiten und dir immer wieder Hoffnung und Unterstützung geben, wenn du unsicher bist oder nicht weiter weißt. Wenn du den nächsten Schritt nicht siehst, könnte es daran liegen, dass du den Fokus aus den Augen verloren hast und dich in einem Hamsterrad des Tuns befindest. Besinne dich auf deine Intention zurück und du findest deinen Fokus wieder. Somit wird es dir auch wieder leichter fallen, die nächsten Schritte deiner Umsetzung wahrzunehmen.

Um dir ein Gefühl dafür zu geben, würde ich dir gerne von meinem Weg in die Umsetzung erzählen. Auch wenn ich dir ehrlicherweise nicht sagen kann, wann genau der Startzeitpunkt war. Ich kann dir sagen, dass die Reise zu mir selbst begann, als ich mich entschlossen hatte, den emotionalen Ballast meiner Vergangenheit loszulassen. Die Intention hinter diesem Entschluss war, meinen Schmerz, meine Ängste und Sorgen, meinen Kummer und Frust nicht an unseren Sohn weiterzugeben. Die Vision, die ich hatte, war, die bestmögliche Version von mir selbst zu werden und langfristig andere dabei zu unterstützen, das ebenfalls zu erreichen.

Dieser *Entschluss* zusammen mit der *starken Intention* veränderte alles. Es war mein persönlicher *Urknall* und der Beginn einer *neuen Zeitrechnung.* Die Zeitrechnung meines *neuen Lebens.*

Puzzleteil für Puzzleteil, Schritt für Schritt, alles kam auf mich zu. Ich marschierte durch meine Heilung im Sprinttempo, kam jeden Tag tiefer und tiefer. Was nicht bedeutet, dass es leicht war. Ganz im Gegenteil – teilweise überforderte ich mich mit meinem Tempo selbst. Ich verlor mich immer und immer wieder und übte mich im täglichen Training das zu werden, was ich sein wollte: ein freier, liebender Mensch ohne Ballast, Ängste und Sorgen. Denn irgendwann kommt die Unsicherheit doch wieder hoch, das Ego meldet sich zurück, Kehrtwenden treten ein und die Hindernisse nehmen zu. Doch die Umsetzung scheitert nur, wenn du nicht auf deine innere Stimme hörst und wenn du dem Ego die Macht zurückgibst. Mit dem Ego meine ich nicht das, was du im ersten Moment darunter verstehen könntest. Es geht nicht um Egoismus. Das Ego kann dein Unterstützer sein, es kann dich stärken. Doch meistens will es dich in die Enge treiben und dich dort in die Knie zwingen. Es wird dir immer und immer wieder Triggerpunkte aufzeigen, dich herausfordern und versuchen, dich mit seiner eigenen Stimme zu verunsichern, um dich von deiner inneren Stimme abzulenken. Das Ego will Trennung nicht Heilung. Das Ego ist nicht böse, aber es gehört unter Kontrolle. Sein Ego zu kennen und kontrollieren zu lernen, erfordert seine Zeit und ist von deiner individuellen Entwicklung abhängig. Du solltest dich auf keinen Fall verunsichern lassen, der Alltag kann sehr herausfordernd sein und daher beobachte dich einfach ganz genau. Hinterfrage die Erlebnisse deines Alltags und spüre so oft du kannst in dich hinein:

Habe ich mein Ego gehört? Gibt es heute etwas, das mich getriggert hat? Wieso komme ich gerade nicht vorwärts oder nicht hinterher? Moment mal, was ist eigentlich aus

> meinem Fokus geworden? Habe ich mir ausreichend Zeit für mich genommen? Darf gerade etwas gelöst oder geheilt werden?

Übe dich in Achtsamkeit. Beobachte deine Handlungen und Gedanken, beobachte deine Mitmenschen. Sie sind ein Spiegel, teilen dir versteckte oder gerne mal offensichtliche Botschaften mit. Wäge ab, was davon auf dich zutrifft und gehe weiter in deinem Alltag. Jeder Tag schenkt dir unzählige Möglichkeiten, dich selbst und deine Aufgabe zu finden, deine Vision zu leben. Lass dich nicht zu sehr von äußeren Einflüssen ablenken und versuche, ganz bei dir und in der Verbindung mit dir selbst zu bleiben.

Wenn du bei dir bleibst, auf dein Bauchgefühl hörst und deiner Intuition folgst, ist die Umsetzung dein Leben. So wie du lebst, so setzt du deine Aufgabe auch um. Sollte dir etwas nicht gelingen, kann es darauf zurückzuführen sein, dass du dein Inneres genauer überprüfen musst. Kann es sein, dass etwas nicht in deinem Inneren stimmt? Sei ganz ehrlich zu dir und frage dich, ob du die leise Stimme ignoriert hast (typisches Ego-Beispiel) oder ob doch noch ein versteckter Glaubenssatz dahintersteckt? Meistens ist das ein Zeichen dafür, weshalb etwas nicht im Außen geklappt hat. Ignorierst du Zeichen des Universums, hörst nicht auf dein Gefühl, kommt die Umsetzung ins Stocken, sie verzögert sich, Hindernisse können entstehen. Daher ist das Üben in Achtsamkeit so wichtig für dich, während du mit der Umsetzung beginnst. Denn du brauchst die Achtsamkeit, um mehr Sicherheit im Umsetzen zu erlangen. Es gab Phasen, da konnte ich Zeichen sehen, nächste Handlungsschritte spüren und dann gab es aber auch Phasen, in denen nichts gelang. In denen ich den Sinn verloren hatte. Der

Sinn war verloren gegangen, weil ich die Verbindung zu mir verloren hatte. Also musste ich diese erst wieder aufbauen, wieder und wieder. Aus dem Grund gibt es auch keine Bedienungsanleitung. Ich wünschte, ich könnte dir eine geben, aber weißt du was? Dann wäre dein Leben einfach. Und einfach kann jeder. Du möchtest dein Leben mit allen Facetten und in jeder Farbe (er-)leben. Du möchtest alles an Erfahrung mitnehmen, was du nur mitnehmen kannst, oder? Oder möchtest du es doch lieber einfach? Wenn das deine Antwort ist, dann darf deine Umsetzung noch etwas warten. Denn Heilung ist kein einfacher Weg. Es gibt keine Abkürzung und auch kein Versteck, keine Hintertür oder einen Notausgang. Es gibt nur einen Weg und den musst du alleine gehen. Unterstützung von außen hast du immer. Doch das Fühlen und Kreieren musst du alleine schaffen. Und das wirst du, weil es deine Aufgabe und ein Leben in der Umsetzung wert ist. Du wirst dich einsamer fühlen, du wirst viel mehr wahrnehmen, womit du lernen musst, umzugehen. Du wirst den Schmerz noch einmal fühlen müssen. Doch all der Frust, all die Trigger, all die Hürden und Hindernisse sind es wert, deine Aufgabe in die Umsetzung zu bringen. Geh deiner Aufgabe nach, was auch immer gerade ansteht, tu es. Was immer du gerade fühlst, tu es. Was auch immer dir deine innere Stimme zuflüstert, schenke ihr Gehör. Und du wirst sehen, die Umsetzung geschieht fast von alleine. Ich kann dir nur ans Herz legen, es wirklich zu wollen, immer bei dir zu bleiben und deine Intention nie aus den Augen zu verlieren. Teilweise ist es besser, weniger zu wissen oder Antworten nicht zu kennen, also beharre nicht auf dem Herausfinden von Gründen. Gib auch mal nach. Geh in die Sanftheit und ins Empfangen.

Trau dich, auch mal den *ersten Schritt* zu wagen, etwas *Neues* zu tun, dem *Ungewissen* zu vertrauen und springe auch mal ins *kalte Wasser*. Meine Erfahrung hat mir gezeigt, dass *kaltes Wasser* gar nicht so kalt ist. Es ist *nicht kalt*, es ist *erfrischend*.

Der Sprung ins kalte Wasser braucht dir keine Angst zu machen, denn du landest sicher. Es breitet seine Arme aus und fängt dich auf. Und auch wenn du einen Schubser bekommst, gerate nicht in Panik, gerate nicht ins Straucheln. Denn du findest immer deinen Weg zurück an die Oberfläche. Von da weißt du wieder, wo du bist. Du bekommst die Kontrolle zurück und fängst an zu schwimmen. Willkommen im Flow des Lebens. Trau dich und springe in die Umsetzung. Kopfüber. Einfach rein. Es ist erfrischend. Es ist erleichternd. Und so befreiend. Nimm die Wellen, wie sie kommen und kämpfe nicht dagegen an. Hab keine Angst vor großen Wellen, sie haben zwar viel Macht und können ein hohes Ausmaß annehmen. Doch sobald du wieder aufgetaucht bist, hast du es auch schon überstanden und hast so viel an Erfahrung gewonnen, dass es dir mit jeder Welle leichter fallen wird, dich dem Flow hinzugeben. Gib dich den stürmischen Zeiten gleichermaßen hin wie den ruhigen. Schöpfe aus der Stille des Wassers, Klarheit und Inspiration aus dem Chaos. Du wirst sehen, Hingabe ist der Schlüssel zu deiner Umsetzung. Gib dich deiner Aufgabe hin und befreie dadurch deine Seele: Freiheit und Hingabe, Schöpferkraft und Annahme, Commitment und Adjustment – finde deine Balance in der Umsetzung und dein Leben entfaltet sich von ganz alleine.

DEINE ACTION-STEPS:
- Fasse den Entschluss, zu beginnen
- Fokussiere dich auf deine Intention
- Folge den Zeichen, die dir das Universum sendet (Begegnungen, Geistesblitze / Downloads, Gefühle, wiederkehrende Zahlen, Worte, die dir nicht mehr aus dem Kopf gehen)
- Sammle so all die Puzzleteile auf

- Setze das Bild zusammen
- Hör auf dein Bauchgefühl
- Spring ins kalte Wasser
- Lass dich nicht von Ängsten unterkriegen
- Gib dich deiner Aufgabe mit allem, was dazugehört, einfach hin
- Genieße die Umsetzung, genieße dein Leben

Und wenn ich dir jetzt wirklich beantworten soll, wie ich angefangen habe, dann würde ich sagen: indem ich einfach angefangen habe. Ich habe aufgeschrieben, was ich gerne machen würde, was mein Herzenswunsch ist. Und von einen auf den anderen Tag, klappte ich den Laptop auf und legte los. Ich begann, meinen Herzenswunsch in die Tat umzusetzen und verstand immer mehr, dass mein Wunsch Teil meiner Aufgabe war. Nur durch die Umsetzung kam wieder ein neues Puzzleteil dazu. Alles begann sich zu fügen. Jeder Schritt geschah wie von alleine. Es fühlte sich richtig an. Jeder Schritt, jedes To Do, jedes neue Wort. Ich nahm mir gedankliche Auszeiten, besann mich wieder zurück aufs Wesentliche, hielt mir mein Ziel vor Augen und konnte spüren, was ich als Nächstes tun musste. All das, weil ich mit Vertrauen und purer Leidenschaft meinem Wunsch gefolgt bin, mich treiben und leiten zu lassen. Ich fasste den Entschluss, dass mich keine weiteren Blockaden mehr – und dazu zählen auch negative Energien – von meinem Weg abhalten können, und letztendlich war das Fassen eines erneuten Entschlusses der notwendige Schritt, durch den ich die Kurve bekommen habe. Ich füllte meine Umsetzung mit positiver Energie und verbannte alles Negative, wie die Meinung anderer oder flapsige Sprüche, von meinem Wunsch und dessen Umsetzung. Ich lernte wieder Neues über mich, mir wurde noch mehr bewusst und ich sah meine

Aufgabe noch klarer vor mir. Ich konnte weitere Blockaden lösen, meine Verbindung zu mir selbst weiter stärken und ich wurde immer entschlossener und zielorientierter. Ich entwickelte mehr und mehr Dankbarkeit, verspürte wahre Freude und begriff endlich, wozu ich imstande war. Ich trat in diese Kraft, verband mich mit meiner Macht, visualisierte immer wieder mein Zukunfts-Ich, das all das bereits erreicht hatte. Und dann war ich nicht mehr aufzuhalten. Ich brannte für meinen Herzenswunsch, ich war imstande, Berge zu versetzen und Bäume auszureißen. Ich war wie ausgewechselt, wenn es um meinen Herzenswunsch ging, um meine Aufgabe. Alles bebte und floss zugleich. Wenn du dieses Gefühl hast, weißt du, dass du da, wo du bist, richtig bist. Ich konnte mit jeder Faser meines Körpers spüren, dass ich es richtig machte und dass ich immer dahin muss, wo das Licht der Hoffnung mich hinführt. Begib dich auf deine Reise, nimm alles so an, wie es ist, wie es gekommen ist und wie es kommen wird, denn genau so soll alles sein und nicht anders.

Und schon bist du *mittendrin*. Mitten im Geschehen *deiner Reise* zu *dir selbst*, zu deiner Aufgabe und deren Umsetzung, zu dem *Sinn deines Lebens*.
Und lebst das *Leben*, das du dir immer *gewünscht* hast zu leben.

Lebe dein wahres Leben

Irgendwann kommt der Zeitpunkt im Leben, der alles verändert. Es folgt der Zeitpunkt, der dir die Augen öffnet. Dann kommt der Punkt, an dem nichts mehr einen Sinn ergibt. Der nächste Zeitpunkt wird zum Tiefpunkt. Doch dann findest du dich in dem Moment wieder, wenn du deinen Weg weitergehen kannst. Es folgt der Zeitpunkt, an dem dir alles klar wird. Und dann kommt dieser wundervolle bittersüße Moment, an dem der Schmerz der Erkenntnis sich legt und du dein Leben zu leben beginnst.

Wenn du diesen Moment feststellst, dann bist du an dem Punkt angekommen, an dem dein Leben im Fluss ist, du dich wohlfühlst und einfach glücklich bist, dann hast du alles richtig gemacht. Denn dann ist der Zeitpunkt gekommen, an dem du dein Leben begonnen hast zu leben. Du lebst und liebst es mit jeder Faser und aus jeder Zelle deines Körpers, von Herz bis Fuß. Du bist angekommen, vollkommen und eins mit deinem Leben. Von hier hast du einen unbeschwerten und freien Abschnitt vor dir. Es ist ein Abschnitt ohne Hindernisse, ohne Dunkelheit, ohne Einsamkeit und Kälte. Es wird leichter, weil du in Leichtigkeit lebst. Es wird heller, weil du strahlen wirst. Es wird wärmer, weil du viele tolle Menschen in dein Leben ziehst, die dein Herz erwärmen. Habe Vertrauen, dass dieser Zeitpunkt kommt, an dem du beginnst, dein Leben zu leben, denn er wird kommen. Es ist der Abschnitt, der dich auf alles, was noch kommen wird, vorbereitet.

Alles beginnt mit einem Entschluss. Ein einziger Entschluss, der den Stein ins Rollen bringt, dass sich das Leben, das du dir zu leben wünschst, sich von alleine entfalten kann. Dieser eine Entschluss wird von dir Mut erfordern, also sei nachsichtig mit dir und entschließe dich ganz in deinem Tempo. Dein Entschluss kann genauso gut sein, noch da zu bleiben, wo du bist und auch das ist in Ordnung und daran ist nichts falsch. Denn auch das erfordert Mut, Reflexion und Annahme. Auch das ist ein Entschluss, den du fassen kannst. Es muss nicht immer impulsiv in Richtung Heilung gehen. Du darfst auch langsamer und besonnen deinen Entschluss, etwas verändern zu wollen, fassen. Unterscheide nur, ob du aus Bequemlichkeit noch wartest, du dir selbst im Weg stehst oder du dich noch nicht bereit fühlst, den entscheidenden Entschluss in Richtung Selbstfindung zu wagen. So oder so, deine Reise beginnt, wenn du dazu bereit bist. Und das wirst du merken und dann fasst sich der Entschluss schnell. Stehe der Entfaltung nicht im Weg. Mache es dir nicht selber schwer, indem du alles wissen willst oder alles hinterfragst. Baue bewusst Pausen ein und tue guten Gewissens Dinge, die du gerne machst. Lass auch mal etwas liegen und verschiebe etwas auf morgen. Das ist okay! Es ist vollkommen in Ordnung, sich den äußeren Zwängen nicht zu beugen und einfach mal etwas liegen zu lassen. Etwas, von dem du weißt, dass es dich Kraft kostet, kannst du auf morgen verschieben, wenn du ausgeschlafen und wieder bei Kräften bist. Und nichts läuft dir davon im Leben. Pausen sind in unseren kosmischen Zeitplan eingebaut. Sie gehören dazu. Und die Welt dreht sich immer weiter und das ist ein Geschenk, wofür wir dankbar sein können und gegen das wir nicht ankämpfen sollten.

Zeit ist eine Illusion: Wir leben in einer sich sehr schnell entwickelnden Welt, haben das Gefühl, immer etwas zu verpassen, und möchten am liebsten schon da sein, wo wir hin wollen. Doch Zeit ist nur ein Gefühl. Ein Gefühl, dessen Bedeutung und Wertigkeit du mit deinen Glaubenssätzen und Konditionierungen füllst. Betrachte die Zeit als Gegenstand: Wie du damit umgehst, entscheidest du. Du kannst dich von den Anhaftungen deinem Gefühl von Zeit befreien. Und du wirst merken, dass die Zeit relativ ist. Denn du entscheidest, ob du sie hast oder ob du sie von äußeren Einflüssen nehmen lässt. Du entscheidest, wie du deine Zeit verbringst und ob du danach frustriert feststellst, dass du wieder nicht ausreichend Zeit hattest. Oder du änderst deine Einstellung der Zeit gegenüber und genießt den Moment, in dem du dich befindest. Füllst diesen Moment mit deiner liebevollen Aufmerksamkeit und widmest dich ganz dem, was da ist, ohne dabei an Vergangenes oder Zukünftiges zu denken. Seitdem ich mich dazu entschieden habe, Zeit zu haben, habe ich auch Zeit. Ich habe Zeit, allem nachzugehen, wenn ich spüre, dass der richtige Zeitpunkt dafür gekommen ist. Das ist vor allem beim Schreiben bei mir so. Das funktioniert nur ganz ganz selten auf Knopfdruck. Doch wenn ich spüre, bald sollte ich mir wieder Zeit dafür nehmen, tauchen auf einmal ganz viele Lücken in meinem Terminkalender auf oder ich habe vor dem Schlafengehen noch so viel Energie, dass meine Finger nur so über die Tastatur fliegen. Das funktioniert allerdings nur, wenn ich mich nicht zwinge und ich dem Gefühl folge, dass bald wieder „Zeit" dafür sein wird. Auch bei mir bleibt durch die äußeren Bedingungen (Mama zu sein, „nur" vormittags Kinderbetreuung zu haben, an manchen Abenden auch feste Kurse zu haben), auch mal „viel" liegen und dieses „viel" bleibt auch mal „lange" liegen, aber der Preis, der im Gegenzug dazu steht, ist das Leben, das ich nicht leben möchte.

Mal Hand aufs Herz: Es gibt Dinge, die müssen gemacht werden. Ganz klar. Ich muss mich auch an zeitliche Vorgaben halten und kann nicht kommen und gehen, wie es mir in den Kram passt. Aber die Dinge, die zwar gemacht werden müssen, aber auch wunderbar morgen noch gemacht werden können, die mache ich gerne morgen. Warum? Weil ich meine Gesundheit priorisiere und nicht ein äußeres Ideal. Ich möchte nicht die Person sein, die stolz ist, alle Punkte auf ihrer Liste erledigt zu haben. Ich möchte die Person sein, die sagt: „Heute habe ich meine Zeit mit Dingen gefüllt, die mich erfüllen." Ich habe meine volle Aufmerksamkeit meinem Kind gewidmet. Wir haben fünf Minuten länger gekuschelt, ich habe ihn nicht gestresst, sich fertig machen zu müssen. Ich habe einen Termin oder eine Verabredung abgesagt, weil mir einfach nicht danach war. Ich stelle die Waschmaschine erst morgen an, weil ich lieber lese, statt die Wäsche aufzuhängen. Ich füttere die Illusion Zeit nicht mit dem Gedanken, keine Zeit zu haben, sondern ich nutze meine Zeit mit erfüllenden Dingen. Und seitdem ich das begriffen und angenommen habe, sind die Dinge, die gemacht werden müssen, kein nerviges Müssen mehr, sondern etwas, das ich tun sollte. Etwas, das getan werden sollte, damit es einen Zweck erfüllt. Was ich dir damit sagen möchte, ist: Nimm den Druck raus und vor allem: Suche dir nicht weitere Aufgaben im Außen, um dich von deiner Aufgabe im Inneren abzulenken.

Denn es sind nicht die
Aufgaben im Außen,
die dich zu deiner
inneren Fülle führen.
Es ist deine
Aufgabe im Inneren,
die dich zu
Fülle im Außen führt.

Es ist die Balance, die du herstellen und aufrechterhalten darfst. Denn das Gleichgewicht zwischen den äußeren „Das muss aber getan werden-Aufgaben" und deiner Seelenaufgabe ermöglicht es dir erst, solange deinen äußeren Aufgaben nachzugehen, bis du irgendwann deine Seelenaufgabe zu deiner Lebensaufgabe machen kannst. Erst wenn dieses Gleichgewicht hergestellt ist, hält es dir den Rücken frei, um deine Soul-Mission umzusetzen und somit das Leben zu führen, das du dir wünschst. Ein Leben, das sich ganz deiner Seelenaufgabe widmet. Das mit jeder Faser deines Körpers für die Umsetzung brennt und das mit Herzblut die schönste und aufrichtigste Vision verfolgt, die ein Mensch nur haben kann, nämlich Liebe in die Welt zu bringen. Liebe ist das Benzin für deinen Motor. Das, was dir Antrieb verleiht und das, was dich fliegen lässt. Liebe ist das, was all dem, was du tust, den Sinn gibt. Liebst du das, was du tust, liebst du dein Leben. Liebst du dein Leben, liebst du auch das, was du tust. Ohne Liebe kannst du gar nicht das Leben leben, das du dir wünschst. Ohne Liebe kommt die Balance nicht zustande. Ohne Liebe wird sich deine innere Aufgabe irgendwann zu einer äußeren Aufgabe entwickeln und dann hast du den Sinn aus den Augen verloren. Den Sinn, weshalb du genau diese Aufgabe leben solltest.

Kurz gesagt: Fasse den Entschluss, so viele Themen aufzulösen, dass du deine Aufgabe erkennst. Fließe mit deinem Leben, finde dich selbst, setze deine Aufgabe um, stelle das Gleichgewicht her, bis du deine Aufgabe leben kannst und lebe deine Aufgabe. Lebe deine Aufgabe mit wahrhaftiger Liebe aus deinem Herzen. Brenne für das, was du tust. Egal was passiert, lass diese Flamme nie erlöschen. Gib die Hoffnung nie nie nie auf und bleibe dran, egal wie lange es dauert, egal wie schwer es ist. Und egal, was alle anderen tun. Das ist dein Leben. Es ist deine Aufgabe und sie verleiht in erster Linie deinem Leben Sinn. Wenn du dir das so wünschst, lass es geschehen. Es sind nicht die anderen, die es in der Hand haben, sondern du. Und wenn du jetzt immer noch sagst: „Ja, aber ich brauche eine Zusage von einem Verlag, damit mein Herzenswunsch wahr werden kann und die Zusage liegt ja nicht an mir." Doch sie liegt an dir. Sie liegt an niemand anderem als dir. Denn wenn keine Zusage kommt, musst du tiefer graben. Grabe tiefer und finde den Glaubenssatz, das widerstrebende innere Gefühl oder das Trauma, weshalb die Zusage noch auf sich warten lässt. Ist dein Umfeld vielleicht noch nicht so weit? Bist du vielleicht noch nicht so weit, wie du denkst? Alles geschieht in deinem Inneren. Was im Äußeren nicht geschieht, liegt an deinem Inneren und andersherum. Lebe dein Leben so frei und unbeschwert wie möglich. Wie du das tust? Indem du bei dir bleibst. Konzentriere dich immer zuerst auf dich und auf das Leben, das du dir wünschst. Erst dann kannst du dich um alle anderen kümmern. Erst dann kommt der Rest dran. Gestalte dir dein Leben so, wie es dir am meisten Liebe, Freude und Leichtigkeit bringen kann. Lebe dein Leben so, dass du all die Farben, Einzigartigkeiten und Absurditäten erfahren kannst.

Fließe mit der Entwicklung deines Lebens und du wirst sehen, dass der Moment, in dem du dich befindest, dir alles schenkt, was du brauchst und nicht die Vergangenheit der Übeltäter und die Zukunft die Erlösung ist. Der Moment, in dem du beginnst, dein Leben zu leben, ist jetzt. Und dieses Jetzt kannst du für immer haben. Denn die Entscheidung, bei dir zu bleiben und dein Leben durch deine Augen wahrzunehmen, durch deine Sinne zu erfahren und aus deiner Seele heraus zu leben, triffst du im Hier und Jetzt. Also lebe jetzt dein Leben.

> Erkennst du die Zeitpunkte, von denen ich am Anfang des Kapitels gesprochen habe? Weißt du genau, wo du dich befindest? Denkst du vielleicht, du bist bereits darüber hinaus? Bist du dir sicher? Oder macht dir dein Verstand gerade etwas vor?

Das Erkennen dieser Zeitpunkte zeigt dir, wo du gerade stehst und ob du dein Leben schon lebst. Oder ob du noch gedanklich zwischen Vergangenheit und Zukunft feststeckst, ohne im Hier und Jetzt zu sein? Meistens erkennen wir diese Zeitpunkte nämlich erst im Nachhinein. Ich habe sie erkannt, als ich anfing, mein Leben zu leben: Der Zeitpunkt, der mein Leben veränderte, war der Zeitpunkt, als ich meinen Mann kennenlernte. Der Zeitpunkt, der mir die Augen öffnete, war, als ich Mutter wurde und wenig später den Entschluss fasste, meinen Ballast aus der Vergangenheit loszuwerden. Nichts ergab mehr einen Sinn, als ich am Tiefpunkt war und nicht wusste, wo ich anfangen sollte und nicht erkannte, wann und wo ich von meinem Weg abgekommen war. Der Zeitpunkt, als ich weitergehen konnte, war, als ich mich den richtigen Menschen öffnete. Als mir alles klar wurde, war, als ich begann, dieses Buch hier zu schreiben.

Und der *Zeitpunkt*, an dem ich anfing, *mein Leben* zu leben, ist jetzt. Jetzt mit der *Erkenntnis dieser Worte*. Du hast jeden Tag die Möglichkeit, *dein Leben zu leben*. Jeder Tag, der dir Luft *zum Atmen* schenkt, ist der Tag, an dem du anfangen kannst, das Leben zu leben, *das du dir wünschst*.

Wie ich bereits sagte, die Welt dreht sich immer weiter und das ist ein Geschenk. Ein Geschenk, das du jeden Tag aufs Neue erhältst und das dir jeden Tag die Möglichkeit gibt, dein Leben zu leben.

Die Kraft der Meditation

Das Leben ist ein Prozess. Heilung ist ein Prozess. Selbstverwirklichung ist ein Prozess. Etwas, das dich in deinem individuellen Prozess der Projektionsrücknahme und der Selbstentfaltung unterstützen kann, ist die Meditation. Durch Meditieren schaffst du es, dich Schicht für Schicht von dem lösen, was du nicht bist. Denke daran: Wer du bist, erfährst du, wenn du weißt, wer du nicht bist. Indem du darüber nachdenkst, was nicht zu dir gehört und was hinter all deinen Rollen steckt oder viel eher gesagt, wer hinter all den Rollen steckt, kommst du deinem wahren Selbst immer näher. Meditation ist ein kraftvolles Werkzeug, das dir den Weg zu deinem Kern pflastert und dich von dem befreit, was nicht länger Teil deines Weges sein soll. Durch regelmäßiges Meditieren, wird es dir leichter fallen, all die zuvor angesprochenen Punkte in deinen Prozess zu integrieren: Dankbarkeit, Vergebung, Heilung, Klarheit, Entfaltung und so weiter. Dein Verständnis für das Leben, dein Bewusstsein für dich selbst und deine Wahrnehmung der Realität werden sich durch die Kraft der Meditation wandeln.

> Was ist Meditation? Welche Vorteile hat sie? Und wie funktioniert Meditieren genau? Was passiert währenddessen im Kopf? Und welche Effekte hat es auf Körper, Geist und Seele?

Täglich durchqueren unseren Verstand circa 60.000 Gedanken. Doch nur 5.000 davon sind neu. Wir treffen Entscheidungen, bewusst und unbewusst. Wir schwelgen in Erinnerungen, bewusst und unbewusst. Wir rattern unsere To-do-Liste rauf und runter, bewusst und unbewusst. Wir planen unsere Zukunft, bewusst und unbewusst. Wir sind nie im Hier und Jetzt, immer nur im Da und Dort. Was und wo auch immer das sein mag, es ist nicht die Gegenwart. Unsere Gedanken rasen durch den Kopf wie kleine Äffchen durch den Dschungel. Sie schwingen sich von Liane zu Liane, lassen sich nicht aufhalten und bleiben daran hängen. Bis sie von vorne anfangen und wieder losrasen. In diesem „monkey mind" wüten unsere Gedanken scheinbar unkontrolliert im Kopf, wie wilde Affen im Urwald. Vor lauter Bäumen, Lianen und Affen werden die Sicht und Sinne blockiert.

In diesem metaphorischen Dschungel stehen wir unten am Boden und schauen zu den riesigen Bäumen hinauf, wo sich die Affen von Liane zu Liane schwingen, dabei wild toben, laut brüllen und offensichtlich die Kontrolle über den Dschungel haben. Es herrscht Chaos. Man weiß nicht, wo man zuerst hinschauen soll und kann kaum den Überblick behalten.

So kannst du dir ungefähr deinen Monkey Mind vorstellen. Was auch der Grund ist, weshalb sich viele Menschen fragen, was Meditation ist, wie es funktioniert und was dabei passiert.

Dies ist meine persönliche Definition von Meditation:
Meditation ist das Zur-Ruhe-Bringen des Geistes, durch die Selbstkontrolle der Gedanken. Es ist die Fokussierung auf die eigenen Sinne, auf den Atem, auf das reine Bewusstsein. Es schärft deine Wahrnehmungsfähigkeiten, befreit dich

von alten Denkweisen und Verhaltensmustern, negativen Gedanken und Gewohnheiten. Das Meditieren zeigt dir die Themen, Situationen und Emotionen auf, die du hinter dir lassen darfst. Dadurch werden dein Geist, dein Herz und deine Seele gereinigt. Meditation ermöglicht es dir, dein Ego zu überwinden und befreit dich von deiner Last und Schuld, deinen Ängsten und Zweifeln. Es stärkt die Verbindung zu deiner Intuition, enthält die Antworten, nach denen du suchst und bringt dich zu deinem wahren Selbst.

Das Wort Meditation stammt von lateinisch „meditatio" und bedeutet „nachdenken, nachsinnen, überlegen, Mitte finden". Meditative Praktiken sind seit Jahrtausenden fester Bestandteil vieler Religionen und spiritueller Traditionen. Obwohl Meditation in vielen Religionen dieser Welt Bestandteil ist, ist es dennoch nicht mit einem Gebet oder einer Kontemplation gleichzusetzen. Vielmehr bedeutet Meditation, dass wir die Aufmerksamkeit und Wahrnehmung unseres Geistes gezielt nach innen lenken, um die Gedanken zu beruhigen, nicht um sie auszuschalten oder zu verdrängen. Wir können nicht nicht denken und das sollten wir beim Meditieren auch nicht versuchen oder als Ziel verfolgen. Denn es geht vielmehr um die Gedankenkontrolle, indem wir uns nicht von jedem Gedanken ablenken lassen und ihm folgen, sondern uns immer wieder auf den Weg nach innen konzentrieren und rückbesinnen. Meditation bedeutet auch, den Zugang zu seinem Unterbewusstsein zu erlangen, um den analytischen Verstand hinter sich zu lassen. Was es dir ermöglicht, das innere Befinden unabhängig von der äußeren Welt zu verändern, um dich also auf die schlechten Angewohnheiten und Verhaltensweisen zu konzentrieren, die tief im Unterbewusstsein verankert sind. Nur wenn dir dein inneres Befinden bewusster wirst, kannst du tiefer gelangen. Und nur durch die Tiefe schaffst du es, grundlegende Veränderungen deiner inneren und äußeren Welt zu bewirken. Meditieren unterstützt dich dabei, negative Angewohnheiten und festgefahrene Verhaltensweisen zu erkennen, diese dir einzugestehen und anzunehmen. Sie letztendlich loszulassen bedeutet, sich Neuem zu öffnen. Während des Meditierens wird der Geist in einen Zustand der Konzentration versetzt, wodurch sich unsere geistige Energie erneuert und transformiert. Dies geschieht, weil das Bewusstsein in seinen ursprünglichen Zustand der Stille und des Friedens zurückversetzt wird, in das „In-sich-selbst-Ruhen", das wahre Ziel der Meditation.

Seit einigen Jahren beschäftigen sich Neurowissenschaftler mit den Auswirkungen von Meditation auf unser Gehirn. Meditieren zeigt einen deutlich messbaren Erfolg auf unser Verhalten, unsere Emotionen und vor allem auf unsere Gesundheit. Bewiesen wurde, dass man durch regelmäßiges Meditieren ein verbessertes Einfühlungsvermögen und moralisches Empfinden erhält, es den Verstand und die Sinne schärft, Ängste lindert und von Sorgen und Zweifeln befreit, das Lernen erleichtert, die Konzentrationsfähigkeit und die Kreativität verbessert. Deine Wahrnehmungsfähigkeiten verbessern sich deutlich, sodass du lernst, deine innere Stimme besser zu hören und ihr zu folgen. Deine wirklichen Bedürfnisse werden spürbarer für dich und es fällt dir leichter, ihnen Raum zu schenken. Außerdem verbessert regelmäßiges Meditieren die Schlafqualität, lindert das Stressempfinden, fördert eine entspannte Ausgeglichenheit und Geduld. Der besondere Einfluss auf die Gesundheit äußert sich in der Aktivierung und Förderung der Selbstheilungskräfte, wodurch das Immunsystem gestärkt und das Risiko psychischer Erkrankungen gesenkt wird. Zusätzlich konnte nachgewiesen werden, dass das Stresshormon Cortisol gesenkt und die Aktivität und Struktur des Gehirns positiv gefördert wird. Somit gilt Meditation als wichtige Therapieform bei seelischen Belastungen, nervösen Störungen und energetischen Blockaden.

Viele Menschen beginnen mit dem Meditieren auf eine Empfehlung hin, wenn sie unter anderem zu Anspannung neigen, sich überlastet fühlen oder unter mental-emotionalem Stress leiden. Sie sehnen sich nach Ruhe und innerer Ausgeglichenheit, denn sie nehmen bereits ihre innere Unruhe wahr oder leiden schon an ihren Konsequenzen.

Aus dieser inneren Unruhe können sich nämlich langfristig negative Auswirkungen haben und Schmerzen oder sogar Krankheiten entwickeln. Gefühle, Emotionen, Traumata, die lange unterdrückt wurden, Ängste, Sorgen und Zweifel, die Körper, Geist und Seele kontrollieren, tragen maßgeblich zu Unruhe und mentaler Überlastung bei. Wenn hier jedoch Ignoranz oder Widerstand entgegengebracht wird, beginnt der Teufelskreis. Aus Unruhe entstehen Krankheiten, die ihren Weg finden, um Aufmerksamkeit zu erlangen. Wenn der Körper krank ist, können wir nicht mehr klar denken. Ein matter und verschwommener Geist lässt uns desinteressiert, kraftlos und träge werden. Denn ein instabiler Geist lässt Emotionen, Themen, Erinnerungen, Zweifel, Ängste und Süchte zu. Das Ziel von Klarheit und dem Losgelöst-Sein rückt immer weiter in die Ferne, gelangt sogar aus dem Sichtfeld und der Schleier der äußeren Welt umhüllt unseren instabilen Geist, der viel anfälliger für Äußerlichkeiten und Negativität ist. Die Wahrnehmung wird verzerrt, da wir nicht mehr klar sehen können, alles ist verschwommen und ineinander verworren. Und mit dieser verzerrten Wahrnehmung ist das Urteilsvermögen auch ein anderes. Die Entscheidung wird unter anderen Aspekten getroffen und es warten weitere Konsequenzen. Das schließt den Kreis und öffnet ihn gleichzeitig wieder von Neuem. Was ein großes Problem darstellt, das viele wiederum nun beginnen, wahrzunehmen. Wir sind vergesslich, unachtsam, schnell gereizt, frustriert, gelangweilt und antriebslos. Der Körper schaltet sich dazu. Und so sind wir wieder am Ausgangspunkt, weshalb viele Menschen mit dem Meditieren beginnen.

Um mit dem Meditieren anzufangen, brauchst du nicht, nicht denken können. Du musst auch nicht still sitzen können. Die einzige Voraussetzung, um mit dem Meditieren anzufangen, ist, sich im Klaren darüber zu sein, dass man sich in Geduld üben muss. Aller Anfang ist schwer, aber Geduld erleichtert dir den Eintritt in die Kraft der Meditation, sodass es dir leichter fällt, das Meditieren auszuüben und zu erlernen. Denn langfristig wird die neue Fähigkeit zur Gewohnheit werden.

Zuerst wird die größte Herausforderung für dich sein, deinen Körper in einen ruhenden Zustand zu bringen, anschließend deine Gedanken unter Kontrolle zu bekommen und dann erfolgt das kontinuierliche Loslassen. Das Loslassen negativer Muster, alten Ballasts und das Loslassen von allen äußeren Einflüssen, an denen du haftest und die dich in deinem mentalen oder physischen Sein einschränken.

Sind deine körperlichen und mentalen Spannungen gelöst, kannst du deine Aufmerksamkeit immer mehr nach innen wenden. Am Anfang hilft es, wenn du dich auf deine Atmung konzentrierst. Vor allem auf die Ausatmung. Im Alltag atmen wir sehr flach und kurz und hauptsächlich in den Brustkorb. Teilweise kann man es bei vielen Menschen gut beobachten und auch spüren, wie die Luft stecken bleibt. Die Atmung kommt nicht da an, wo sie hin soll. Durch achtsames Atmen kann der Geist leichter Ruhe finden.

Ebenso kann es dir beim Meditieren helfen, dich auf deine Sinne zu fokussieren. Oft wird angenommen, dass es beim Meditieren darum geht, nichts zu denken, die Gedanken ausschalten zu können. Doch vielmehr geht es darum zu lernen, seine Gedanken zu kontrollieren. Mit Kontrollieren ist gemeint, sich immer wieder zurück zu besinnen, mit welchem Ziel, mit welcher Frage oder Intention du in die Meditation hineingegangen bist. Erst wenn du dich von deinem Schmerz, deinen Themen, deinem Ballast gelöst und befreit hast, ist es dir möglich, in einem gewissen Maß diese Leere oder besser gesagt Vollkommenheit herbeizuführen. Doch der Geist schweigt nie, er kann aber ruhig sein.

Während du dich auf deine Sinne fokussierst und darauf konzentrierst, was du alles hörst, benenne die Geräusche wertfrei. Es ist wichtig, neutral und ohne Wertung zu sein und zu bleiben.

Jede Form der Wertung
setzt sich wieder
bei dir fest, ob *bewusst*
oder *unterbewusst*.

So kannst du nach und nach deine Sinne ansteuern und dich auf sie konzentrieren. Auch das fördert einen stabilen Zustand des Geistes. Diese Konzentrationsübung kannst du als Einstieg in deine Meditation solange machen, bis du in der Lage bist, ohne deine Sinne zu meditieren und deren Wahrnehmung bewusst ausblenden kannst. Denn auch deine Sinne stellen eine Ablenkung dar. Eine Ablenkung, die dich davon abhält, tiefer zu kommen.

Wenn du bereits eine Weile meditiert hast, kannst du auch einen Satz im Kopf rezitieren, das kann ein Mantra oder ein neuer Glaubenssatz sein. Du kannst dann auch die Beobachtung deiner Sinne mit dem Rezitieren oder Singen verbinden und versuchen zu beobachten, welche Schwingungen der Klang freisetzt, wo du ihn spüren kannst.

Was ebenfalls sehr schön ist, um mehr und mehr verschiedene Möglichkeiten der Meditation kennenzulernen, bis du dich an das Meditieren gewöhnt hast, sind Lichtmeditationen. Dazu erkläre ich dir gerne später mehr.

Durch diese Übungen hilfst du deinem Geist, die Fähigkeit zu entwickeln, sich auf das allerkleinste oder auf das allergrößte Objekt gleichermaßen zu konzentrieren. Der Geist unterscheidet dann nicht mehr zwischen groß und klein, er ist vollkommen unter Kontrolle.

In der nächsten Phase des Meditationsprozesses wirst du mehr in der Lage sein, deine Meditation zu vertiefen und noch tiefer deinen Blick nach innen zu richten. Der Prozess der Selbsterforschung beginnt, deine Selbstanalyse geht weiter, deine Selbstpflege nimmt Form an und du kommst deinem Ziel der Selbstverwirklichung immer näher. Du wirst beginnen, dir die Frage zu stellen, wer diese Person, die du als „ich" bezeichnest, überhaupt ist. Du wirst dich nach deiner Rolle und deiner Position im Leben fragen. Es werden dir Situationen und Erinnerungen in den Sinn kommen, die du hinterfragen wirst, um zu verstehen, wieso du so reagiert hast und ob du diese Art der Reaktion überhaupt brauchst oder ob du sie weglassen kannst.

> Kannst du sie weglassen und trotzdem noch du sein? Was führt oft zu Konflikten und mit wem hast du diese Konflikte? Was ist die Antwort auf die Frage, was dich daran hindert weiterzukommen? Was war die letzte Herausforderung? Hast du sie gemeistert oder bist du gescheitert? Was war dein Learning daraus? Wo liegt deine Leidenschaft? Was würdest du von Herzen gerne tun?

All diese Fragen wirst du dir nach einer Weile stellen. Und auf all diese Fragen wirst du früher oder später eine Antwort erhalten. Entweder in deiner Meditation oder als Zeichen in deiner äußeren Welt. Vielleicht erhältst du ein Zeichen, einen Anruf oder du erhältst deine Antwort in einer anderen Form. Und so wird dein Unterbewusstsein nach und nach aufgeräumt. Du beginnst auszumisten, loszulassen, wegzuwerfen und letztendlich nur noch das aufzuheben, was zu deiner wahren Essenz gehört. Zu dem, was du auf die Frage nach der Person hinter dem „ich" steht, gehört.

Durch regelmäßiges bzw. langfristiges Meditieren wird nach und nach deine Wahrnehmung verändert und du beginnst, deine äußere Welt anders wahrzunehmen und dich Schicht für Schicht zu befreien. Das gleiche passiert anschließend auch mit deiner inneren Welt, sodass du einen freieren Blick auf deine Wurzeln, den Boden deines Geistes und deinen Lebensweg erhältst.

Definiere dein Ziel und erkenne die Faktoren, die dich bisher immer davon abgehalten haben, und dann darfst du dich von ihnen lösen. Und das ist meistens ebenfalls eine Phase, in der sich in deiner äußeren Welt ziemlich viel verändern kann. Das darfst du dir gerne bewusst machen, wenn du dich auf die Suche nach deinem wahren Selbst und deiner Aufgabe machst und den Weg der völligen Hingabe wählst. Daher meine ich auch, dass es nie nur das reine Praktizieren der Meditation oder des Yoga ist. Es ist nie nur das Eine. Es ist immer ein ganzheitliches Konstrukt. Und ganzheitlich bedeutet, dass vieles parallel geschieht, wodurch es dir vorkommt, als würde alles auf einmal passieren. Das kann ab einem gewissen Punkt auch der Fall sein. Um deine Aufgabe zu erreichen, haben das Universum, das Göttliche deinen individuellen Weg genauestens festgelegt. Doch nur das reine Meditieren verhilft dir nicht zur inneren Ruhe und führt dich nicht an dein inneres Licht. Betrachte es als ein ganzheitliches System, welches aus mehreren Bestandteilen besteht. Ein System besteht aus mehreren Bestandteilen, die in verschiedene Phasen gegliedert sind und mehrere Prozesse freisetzen.

So habe ich Meditation kennen- und erleben gelernt. All das, was ich als Begriffsdefinierung geschrieben habe, habe ich erlebt und noch vieles darüber hinausgehend. Ich habe Antworten auf all meine Fragen erhalten, konnte mich von den Ketten der Vergangenheit befreien, habe meine Wunden heilen können und durfte erwachen. Ich habe magnetische und energetische Schwingungen wahrnehmen dürfen, habe das Gefühl gespürt, so mächtig zu sein, dass ich die Erde zum Beben bringen könnte. Ich durfte tief in meinen Geist eintauchen, mein Herz reinwaschen, meine Seele befreien, meine wahre Essenz kennenlernen. Ich durfte mich finden und ich habe mich gefunden. Diese Kraft der Meditation möchte ich dir nun gern erklären und wie diese überhaupt entsteht.

Dies ist der yogaphilosophische Ansatz: Im Yoga Sutra von Patanjali, ein indischer Gelehrter und „der Vater des Yoga", wird der achtgliedrige Pfad vorgestellt, der den Weg zur Erleuchtung (samadhi) darstellt. Samadhi ist das höchste Ziel im Yoga und bedeutet, dass der Geist und der Zustand der Meditation zum reinen Bewusstsein miteinander verschmolzen sind – innere Freiheit und absolute Glückseligkeit.

Die ersten fünf Glieder (Yama, Niyama, Asana, Pranayama, Pratyahara) als Kriya Yoga (praktischer Yoga), während die drei letzten Stufen man als Raja Yoga (königlicher Yoga) bezeichnet werden.

Betrachtet man im Zusammenhang mit unserer Auffassung von Meditation also nur die drei letzten Glieder, so stellt die sechste Stufe des Pfads die Konzentration (dharana) dar, die siebte die Meditation (dhyana) und die achte die Erleuchtung (samadhi). Zusammen bilden die drei letzten Stufen, dharana, dhyana und samadhi, samyama – das Aufscheinen des inneren Lichtes.

Demnach beginnt der Prozess mit der Konzentration (dharana), der Ausrichtung auf die äußere Wahrnehmung, wie die Sinne und der Atem. Es folgt das Fließen zur inneren Wahrnehmung, der Meditation (dharana) und dem Überwinden geistiger Hindernisse (vrittis). Es verschmelzen Konzentration und Meditation zu Samadhi, der Auflösung des individuellen Bewusstseins hin zur wahren Essenz ohne Form, dem kosmischen Bewusstsein.

Mit dem Meditieren zu beginnen bedeutet, dass sich deine Wahrnehmung verändern wird. Sie wird klarer, schärfer und vor allem dreht sie sich irgendwann nicht mehr nur um das äußere Ich, gesteuert vom eigenen Ego. Du erweiterst deinen Horizont und lernst, über den Tellerrand des Bekannten hinauszublicken und verschiedene Perspektiven einzunehmen. Du wirst das Loslassen lernen und das In-sich-Ruhen. Du wirst frei, leer und dennoch vollkommen sein. So vollkommen, dass du nichts mehr brauchst.

> Im Yoga sagt man „sattva" zu diesem Geisteszustand. Sattva bedeutet Reinheit und Leichtigkeit. Es steht für die vollkommene Balance, Klarheit und das Licht.

✦ Energiearbeit

Ein wichtiger Bestandteil, der mit der Meditation einhergeht, ist die Energiearbeit. Studien der letzten Jahre haben gezeigt, dass unser Bewusstsein durch Meditation in der Lage ist, das energetische Feld zu steuern. Das bedeutet, die Energie folgt der Aufmerksamkeit und ist so in der Lage, die eigene Realität zu gestalten. Gedanken und Gefühle erzeugen Energie. Energie setzt Schwingungen frei, auf die eine Reaktion folgt, wodurch bewusst oder unbewusst unsere eigene Realität entsteht.

Diese Realität bzw. Dimension unterscheidet sich von der physischen Realität, die wir wahrnehmen, kennen und auf der unser Leben aufbaut. Doch die Realität auf energetischer Ebene ist unsichtbar und existiert jenseits von Raum und Zeit. Dr. Joe Dispenza beschreibt diese Ebene oder Realität als eine Intelligenz, die durch den Urknall ausgelöst wurde und die letztendlich verantwortlich für Energie, Materie und Naturkräfte war und ist. Bei dieser Intelligenz handelt es sich um das Quanten- bzw. vereinheitlichte Feld.

Meditation ist demnach so viel mehr, als das reine Zur-Ruhe-Kommen. Denn weiter erklärt er in seinem Buch „Werde Übernatürlich", dass, sobald die Welt der Sinne hinter sich gelassen wird, sich das Bewusstsein mit einer höheren Frequenz- und Informationsebene verbindet, dem Quantenfeld. In diesem Feld gibt es unendlich viele Frequenzen, die alle Informationsträger sind. Es ist kein leeres Feld, sondern es ist voller unendlicher Energie, unendlicher Möglichkeiten, die jenseits der physischen Welt und unserer Sinne existiert. Dispenza betrachtet diese Energie als unsichtbare Wellen, die auf einer höheren Bewusstseinsebene stattfinden, dem Gewahrsein. Das Gewahrsein ist ein unendlicher Raum, in dem es weder Körper noch Menschen oder Objekte und Orte gibt. Es gibt auch keine Zeit. Es gibt nur Möglichkeiten in Form reiner Energie. Indem wir uns von der dreidimensionalen Realität, Raum-Zeit, entfernen, gelangen wir in das Quantenfeld, ins Gewahrsein – in eine höhere Dimension, die fünfdimensionale Realität voller unendlicher Möglichkeiten.

Das bedeutet für dich, wenn du Tag für Tag in der gleichen geistigen Verfassung mit dem gleichen Bewusstsein bestehend aus Konditionierung, Vergangenheit, Zukunft und Traumata lebst, veränderst du nicht deine Energie.

Du sendest
*immer wieder die
gleichen Energiewellen,*
auf die *immer wieder
die gleiche Reaktion*
erfolgt.

Nur der Schritt ins Ungewisse, wo du deine Sinne, Raum und Zeit verlässt, wird dir helfen, dich selbst zu finden. Habe keine Angst vor Energien. Es gibt nicht nur negative und positive Energie. Alles ist Energie, alles hat eine Energie, alles strahlt eine Energie aus. Wenn du dir das bewusst machst, kannst du viel leichter in eine höhere emotionale Frequenz, einfach ausgedrückt in eine positive Energie, treten und somit nach und nach in deinem höheren Selbst ankommen.

Wissenschaftliche Erklärungen können uns nicht nur helfen, Zusammenhänge zu verstehen, sondern auch sie anzunehmen. Daher hoffe ich sehr, dass du dich auf das Ungewisse einlassen kannst, denn dafür hast du nun eine kurze wissenschaftliche Erklärung und alles andere darfst du selbst erleben, spüren und wahrnehmen. Lass deinen Verstand nicht immer nur versuchen, alles zu verstehen. Das Leben ist, wie es ist. Es gibt nicht für alles eine Erklärung. Und obwohl wir ganz häufig denken, wir brauchen eine, brauchen wir gar keine. Oder sie kommt erst viel später als erwartet.

Alles ist Energie. Alles enthält Energie. Ein bloßer Gedanke kann bereits ausreichen und schon fließt sie wieder. Du kannst mit deiner persönlichen Energie arbeiten. Du kannst sie lenken und leiten und vor allem durch die Meditation wieder zum Fließen bringen. Doch dafür ist es wichtig, den ein oder anderen Aspekt zu verstehen. Und vor allem an das zu glauben, was für die Augen unsichtbar erscheinen mag.

◆ Feinstofflicher Körper

Drei Körper und fünf Hüllen – im Yoga erforschen wir diese, um tief in die Schichten unseres Wesens einzutauchen und unsere Essenz, unser wahres Selbst, dessen, was wir wirklich sind, zu entdecken. Unser Körper hat neben seiner physischen und grobstofflichen Anatomie auch eine feinstoffliche Anatomie.

Der physische Körper besteht aus allen greifbaren Aspekten, die den menschlichen Körper ausmachen. Alles, was du sehen und anfassen kannst, gehört zum physischen Körper und ist somit auch unser grobstofflicher Körper.

Der zweite Körper ist der astrale Körper. Dieser umgibt unseren physischen Körper und stellt somit mit seinen Bestandteilen den feinstofflicher Körper dar. Der Astralkörper oder auch Energiekörper bildet die Verbindung zwischen dem physischen und dem spirituellen Körper. Dieser Körper ist für das menschliche Auge nicht sichtbar, enthält aber all unsere Gedanken, Gefühle und Handlungen in Form von Informationen. Hier befinden sich die feinstofflichen Aspekte, wie unter anderem die Chakren, die Nadis (die Energiekanäle).

Der dritte Körper ist der kausale Körper. Der kausale oder spirituelle Körper speichert alle feinstofflichen Eindrücke von allem, was wir in diesem Leben und in früheren Leben erlebt haben und uns widerfahren ist. Dieser Körper verbindet uns außerdem mit dem Göttlichen und enthält neben unserem Karma auch unsere Seele, den freien Willen und Samskara, unsere Gewohnheitsmuster. Wir können die

Samskara nicht mit unserem Intellekt verändern. Wir müssen unseren Verstand verlassen, um den Zugang zu unserem Unterbewusstsein zu bekommen, um an die dort liegenden Erfahrungen zu gelangen, die diese Muster prägen. Um die tief eingeprägten Gewohnheiten zu überwinden, brauchen wir Methoden wie die Meditation, die uns dabei unterstützt, den Verstand zu verlassen.

Was sind dann die fünf Hüllen? Die fünf Koshas befinden sich innerhalb der drei Körper und sind die fünf Schichten (oder Hüllen), die das reine Bewusstsein, Purusha, bzw. das Selbst, Atman, umhüllen. Die Koshas sind die Wegweiser auf unserer Reise zu unserem wahren Selbst. Wenn wir jede dieser Schichten verstehen und durcharbeiten, gelangen wir schrittweise tiefer und erlangen mehr Bewusstheit und Selbstverwirklichung.

Die erste Hülle heißt Annamaya-Kosha und ist die dichteste Hülle, der physische Körper, der aus Materie besteht. Die physische Hülle besteht aus der Nahrung, die wir zu uns nehmen, und aus den fünf Elementen: Feuer, Wasser, Erde, Luft und Äther. Dieses Kosha sorgt für unsere Überlebensbedürfnisse und lässt uns die physische Welt erleben und mit ihr interagieren.

Die zweite Hülle heißt Pranayama-Kosha und ihr werden die Chakren zugeordnet. Sie enthält als Energiehülle unsere Lebensenergie und füllt uns daher mit Leben. Daher unterstützt sie in ihrer Funktion alle lebenswichtigen Funktionen, wie u. a. die Atmung, die Verdauung.

Die dritte Hülle Manomaya-Kosha ist die geistige Hülle, in der alle Emotionen, Gedanken, Erinnerungen, Träume und Sinneswahrnehmungen liegen. Dort werden unsere Eindrücke und Erlebnisse verarbeitet und somit ist diese Hülle für alle kognitiven Funktionen verantwortlich.

Die vierte Hülle ist Vijnanamaya-Kosha und in ihr befinden sich die Psyche, das Unterbewusstsein, der Intellekt und das Ego, das Ich-Bewusstsein. Die zentrale Funktion sind die klaren Gedanken, die getragen werden von tiefem inneren Wissen (der Intuition) und dem freien Willen. Es geht um unsere tiefe Weisheit als Schlüssel für unser spirituelles Wachstum und unsere persönliche Entwicklung.

Die fünfte und letzte Hülle, Anandamaya-Kosha, ist die Hülle, die unsere Seele, Atman (das wahre Selbst, die eigene Essenz) umgibt. Die Hülle erfüllt von Glückseligkeit schafft die Verbundenheit zu allem Seiende.

Bei der Meditation kannst du deinen physischen Körper überwinden und dich über die Hüllen tiefer in die einzelnen Ebenen versetzen, um diese bis zu deinem wahren Selbst zu durchdringen. Es ist ein Prozess und es bedarf viel Arbeit und kontinuierlicher Meditationspraxis um alles, was sich in den Hüllen angesammelt hat, gehen zu lassen und somit die Hülle zu reinigen, um dann wiederum eine Hülle weiter zu gelangen. Doch es ist möglich und du wirst es sehen, spüren und erleben.

Die Hüllen einmalig gereinigt und durchdrungen zu haben, reicht jedoch nicht aus. Es ist ein fortwährender Prozess, der dir immer wieder neue Möglichkeiten bietet, loszulassen und zu wachsen. Wenn wir diese fünf Koshas transzendieren, schaffen wir es, die wahre Natur unseres Selbst zu erkennen.

Mit *jeder Hülle* erlangen wir mehr Bewusstsein und Erkenntnis. Bewusstsein und Erkenntnis über die *Existenz*, dessen, was *wir nicht sind* und dessen, *was wir sind*. Die *Tiefe* dessen, was wir sind, ist *unermesslich* und dessen *Kraft* geht über das *Vorstellbare* hinaus.

✦ Chakren

Ein weiteres Energiesystem, das ich dir kurz für das Gesamtverständnis erklären möchte, ist das Chakra-System. Dieses befindet sich im feinstofflichen Körper in der zweiten Hülle, welche ein viel höheres Energiesystem als der physische Körper darstellt. Obwohl die Chakren den physischen Körper beeinflussen, sind sie selbst nicht physisch. Es gibt sieben Hauptchakren, die die Energiezentren des Körpers darstellen. Sie bilden die Brücke zwischen dem physischen und feinstofflichen Körper und agieren als Zentren der Energie, durch die die Lebenskraft, Prana, erst fließen kann. Durch das Chakra-System können wir seelisches und körperliches Wohlbefinden herstellen und somit Spannungen und Unausgeglichenheit auf verschiedenen Ebenen lösen, damit die Energie und damit auch die Lebenskraft wieder fließen kann. Jedes Chakra enthält eine materielle, emotionale, mentale und spirituelle Ebene. Doch arbeiten sie bei jedem Menschen unterschiedlich ausgeprägt und tief, je nachdem wie die Energie durch sie wirkt. Um ein Chakra zu aktivieren und zu öffnen, braucht man doppelt so viel Energie wie zur Aufrechterhaltung der normalen körperlichen und seelischen Funktionen. Viermal so viel Energie, um das nächste, also das zweite Chakra zu aktivieren und so weiter – bis zum siebten Chakra.

Als Nächstes möchte ich dir kurz erklären, wie Energie überhaupt fließen kann und woher sie kommt, wenn nicht vom physischen Körper. Diese höhere Energie kommt von der Kundalini Shakti. Dabei handelt es sich weder um eine physische Kraft, noch um eine vom Ich steuerbare Kraft, sondern um eine vom Geist gebündelte Energie des Bewusstseins. Die Kundalini erwacht, wenn der Geist harmonisch ist und somit frei von all den Gedanken und Gefühlen des Egos. Das Erwachen setzt voraus, dass die Energie durch den Zentralkanal des Körpers, Sushumna, fließen kann. Von diesem zentralen Kanal fließt Prana, die Lebenskraft, in die verschiedenen Nadis, die Energiekanäle des Körpers. Es gibt je nach Literaturverweis circa 72.000 Nadis. Durch sie kann die Lebensenergie zu den verschiedenen Körperteilen und durch die Energiezentren (Chakren) fließen. Durch die Bahnen der Nadis fließt Energie ins Gehirn, in die Organe, in die Nerven und in jede Zelle. Es gibt drei Nadis, auf denen in der Regel der Fokus liegt, Sushumna, Ida und Pingala. Ida ist der Träger der Mondenergie, dieser Kanal befindet sich auf der linken Körperseite und steht für die weibliche Energie. Pingala ist Träger der Sonnenenergie. Er befindet sich auf der rechten Körperseite und steht für die männliche Energie. Und der dritte Nadi, den ich bereits kurz erwähnt hatte, ist Sushumna, der zentrale Nadi, der zwischen Ida und Pingala durch die Wirbelsäule verläuft und alle Chakren, vom Wurzelchakra bis Kronenchakra, miteinander verbindet, sodass es damit den Hauptkanal der Lebensenergie, Prana, darstellt.

Das Chakra-System beschreibt also den energetischen Aufbau, durch den unsere Lebensenergie fließt. Wenn du dieses System und dessen Aufbau verstanden hast, verstehst du auch, was deine Bedürfnisse sind, um wieder in deine Balance zu finden und was du tun musst, um deine energetischen Blockaden zu lösen und Heilung zu erfahren.

> Lerne die Chakren kennen und du wirst all die Themen, die dich beschäftigen, all die Zeichen, die du erhältst, leichter verstehen und lesen können, wenn du grob weißt, welches Chakra welchen Lebensbereichen und -themen zugeordnet wird.

Muladhara Chakra
DIE QUELLE UNSERER LEBENSENERGIE

Das erste Chakra, das Wurzelchakra, befindet sich am Damm zwischen den Geschlechtsorganen und dem Anus. Es bildet deine Wurzel und ist der Ursprung unserer Lebensenergie. Das Muladhara Chakra verbindet uns mit allem Irdischen und Materiellen. Daher bildet es einen großen Bezug zu Familie, Nahrung und materiellem Besitz. Es geht um unseren Ursprung, die eigene Existenz in der Welt, um Urvertrauen, Sicherheit und Stabilität. Dort sitzen unsere Ängste und Sorgen, aber auch Themen wie Anspannung und Rastlosigkeit.

Das erste Chakra umfasst die Altersstufe vom Mutterleib bis zum achten Lebensjahr und äußert sich als Metapher für die Fähigkeit, aufrecht und auf den eigenen Füßen stehen zu können. Je nach Quelle könnte man auch sagen, dass die ersten Monate im Mutterleib prägend für dieses Chakra sind und die Altersstufe zum nächten Chakra viel kürzer ist. Ein blockiertes Muladhara Chakra äußert sich in Rückenschmerzen, Lähmungen, Angstzuständen und Übergewicht. Um das Wurzelchakra auszugleichen, ist es notwendig, zuerst die innere Stabilität aufzubauen und sich den traumatischen Ereignissen des Lebens zu stellen. Nur durch innere Arbeit können wir die Blockaden lösen, um unsere Quelle der Lebensenergie wieder zu nutzen. Mit einem ausgeglichenen ersten Chakra bist du grundsätzlich positiv dem Leben gegenüber gestimmt, trägst Verantwortung für dein Leben, fühlst dich geborgen und hast eine gute Verbindung bzw. Beziehung zu dir selbst. Du stehst fest mit beiden Beinen im Leben und kannst dich im Hier und Jetzt entspannen.

Svadhisthana Chakra
DER FLUSS UNSERER LEBENSENERGIE

Das zweite Chakra, das Sakralchakra, befindet sich zwischen den Geschlechtsorganen und dem Bauchnabel. Das zweite Chakra steht vor allem als Sinnbild für den Nährboden und den Fluss unserer Lebensenergie; der Fluss, der die Lebenskraft ins Fließen bringt. Das Svadhisthana Chakra steht in Verbindung zu unserer Sexualität, zum Vergnügen und Verlangen. Es stellt die Lebensfreude dar, die das wahre innere Kind verborgen hält. Gleichzeitig werden im zweiten Chakra aber auch Themen wie Scham, Sucht, Schuld und Begierde gespeichert. Es umfasst die Altersstufe vom achten bis zum vierzehnten Lebensjahr und steht als Metapher für die Zeit, in der wir zum ersten Mal bewusst das Verlangen verspüren, Dinge auszuprobieren, aber auch Ge- und Verbote von Eltern oder anderen Bezugspersonen erhalten.

Ein unausgeglichenes Sakralchakra äußert sich in Depressionen, Suchtverhalten, Kreativitäts-, Appetitverlust und sexuellen Störungen. Um einen Ausgleich herzustellen, ist es wichtig, mutig auszuprobieren, Hingabe und Leidenschaft dem Leben gegenüber zu entwickeln, seiner Sexualität einen gesunden und natürlichen Ausdruck zu verleihen und zu all seinen Empfindungen ohne Scham zu stehen. Kreativität, Schöpferkraft, Genuss und Freude sind die vorrangigen Emotionen eines geöffneten Chakras und äußern sich in Lebendigkeit und dem authentischen Leben seiner gesunden Bedürfnisse von Körper, Geist und Seele.

Manipura Chakra
DAS EPIZENTRUM UNSERER LEBENSENERGIE

Das dritte Chakra, das Solarplexuschakra, liegt zwischen dem Bauchnabel und dem Solarplexus. Es stellt das Epizentrum unserer Lebensenergie dar, denn es wird als Verdauungssystem unserer Seele verstanden. Hier geht es vor allem um das Selbst. Das Hauptthema dieses Chakras ist Macht. Dieses Thema findet auf drei Ebenen statt – Macht auf der ersten Ebene steht in Verbindung zu unserer inneren Stärke, auf der zweiten zu der Beziehung zu sich selbst und zum eigenen Leben und auf der dritten Ebene zu der Beziehung zu anderen Menschen. Das Solarplexuschakra steht außerdem für Willenskraft, Ehrgeiz und innere Stärke.

Das Manipura Chakra umfasst eine Altersstufe vom vierzehnten Lebensjahr bis zum einundzwanzigsten und steht als Metapher für die Rebellion, in der wir unsere Persönlichkeit formen und ein großer Drang nach Selbstbestimmung herrscht. Ein unausgeglichenes drittes Chakra äußert sich in dem Einnehmen der Opferrolle, in einem übermäßigen Machtgefühl, aber auch in Verbitterung und Machtlosigkeit. Außerdem leidet man vermehrt an Verdauungsproblemen oder Störungen des Magen-Darm-Systems. In einem ausgeglichenen Manipura Chakra befindet sich unsere individuelle Kraft im Einklang mit allen anderen Kräften, denn man lebt in einer gesunden Beziehung zu sich selbst, man ist selbst reflektiert, entscheidungsfähig und Körper, Geist und Seele leben in Harmonie und Vollständigkeit.

Anahata Chakra
DIE BRÜCKE ZWISCHEN KÖRPER & GEIST, ZWISCHEN DEN UNTEREN UND OBEREN CHAKREN UND ZWISCHEN WELTLICHEM & SPIRITUALITÄT

Das vierte Chakra, das Herzchakra, befindet sich im Zentrum der Brust auf Höhe des physischen Herzens. Es liegt genau in der Mitte zwischen oberen und unteren Chakren und stellt somit das Bindeglied zwischen ihnen dar. Es bildet die Brücke zwischen den irdischen und den geistigen Chakren. Dadurch, dass es als Brücke und Bindeglied agiert, entstehen dort viele und große emotionale Verstrickungen, die aus der vielschichtigen Verbundenheit beider Welten entstehen. Das Herzchakra beinhaltet Liebe, Offenheit und Mitgefühl als zentrale Themen. Aber auch Schmerz, Abhängigkeit, Eifersucht und Zurückweisung.

Das vierte Chakra umfasst die Altersstufe vom einundzwanzigsten bis zum achtundzwanzigsten Lebensjahr und zielt darauf ab, unsere Individualität auszubilden. Ein unausgeglichenes Herzchakra äußert sich in Selbstverleugnung, Selbstmitleid, dem Abschalten von Emotionen; auf physischer Ebene vor allem durch Herzerkrankungen. Ein ausgeglichenes Anahata Chakra zeugt von einem starken Einheitsgefühl. Wir sind in der Lage, langfristige Beziehungen einzugehen, gehen offen und voller Herz und Liebe durch das Leben. In spiritueller Hinsicht geschehen mit einem geöffneten Herzchakra viele Erweckungserlebnisse im Zusammenhang mit dem Gefühl der Einheit. Es setzt eine gewaltige Energie frei, sodass das erwachte Herz zur strahlenden Lichtquelle anderer wird.

Vishuddha Chakra
DER AUSDRUCK UNSERER LEBENSENERGIE

Das fünfte Chakra, das Hals- oder Kehlchakra, befindet sich im Hals, auf Höhe der Kehle und der Schilddrüse. Es steht für den Ausdruck unserer inneren Welt, denn das vierte Chakra reguliert unsere Emotionen und das sechste Chakra steuert unsere Gedanken. Somit bildet das fünfte Chakra die Mitte, die beides zum Ausdruck in die äußere Welt bringt. Das Hals- oder Kehlchakra agiert als Übersetzer aller anderen Chakren, denn es trägt alle Themen wie die schöpferische Kraft des zweiten Chakras und die tiefen Gefühle des vierten Chakras nach außen. Ist dieses Chakra nicht frei, gerät der Prozess der Selbstverwirklichung ins Stocken. Themen, die das fünfte Chakra umfassen, sind der Selbstausdruck, Kommunikation, Authentizität und Wahrheit, aber auch Selbstzensur, Selbstzweifel, Lügen und das Verdrängen der eigenen Gefühle und Bedürfnisse. Das Vishuddha Chakra umfasst die Altersstufe vom achtundzwanzigsten bis fünfunddreißigsten Lebensjahr und ist in dieser Zeit dafür verantwortlich, dass wir in die Welt hinausgehen und unserer Einzigartigkeit eine Stimme verleihen, damit wir in unser höheres Potenzial treten können. Ein unausgeglichenes Halschakra äußert sich in dem Gefühl zu ersticken, Schilddrüsenerkrankungen, chronischen Infektionen und Entzündungen. Es dient als Tor zu unserer innersten Welt, in der wir viele Emotionen und Geschehnisse unter Verschluss halten, was für einige zum Verdrängen und zu Schweigsamkeit führt. Mit einem ausgeglichenen fünften Chakra kannst du dich zum Ausdruck bringen, hast kein Problem damit, deine innere Welt offen darzulegen und zeigst, wer du bist. Du kannst gut zuhören und sprichst klar und deutlich.

Ajna Chakra
DIE TÜR ZU UNSERER INTUITION

Das sechste Chakra, das Stirnchakra, liegt zwischen den Augenbrauen, wo auch das dritte Auge sitzt. Das Stirnchakra ist die Schaltzentrale der Chakren. Es verbindet alle bewussten und unbewussten Aktivitäten der feinstofflichen Anatomie und bildet das Zentrum unserer mentalen Wahrnehmung. Es ist das „innere Auge", das beobachtet, analysiert und sortiert, beleuchtet und identifiziert. Das sechste Chakra steht mit den Themen Klarheit, Ordnung, Vernunft und dem höheren Verstand in Verbindung. Es umfasst die Altersstufe vom fünfunddreißigsten bis zum zweiundvierzigsten Lebensjahr und befasst sich mit der Umsetzung unseres zuvor gefundenen höheren Sinns. Was ist unsere Aufgabe und wie trage ich diese in die Welt hinaus? Ein unausgeglichenes Ajna Chakra äußert sich in langen Phasen der Verwirrtheit, Zynismus und Verleugnung, vor allem aber auch in mentalem Lärm und Ungleichgewicht, Migräne, Angstzuständen und einem schlechter werdenden Erinnerungsvermögen. Mit einem ausgeglichenen sechsten Chakra ist man in der Lage, tiefe Spiritualität zu erfahren und mit seiner Seele zu kommunizieren. Unser Denken ist klar und in einem gesunden Maß rational, das Handeln ist viel flexibler und die Gedanken basieren nicht mehr auf alten Mustern und Konditionierungen. Mit einem geöffneten Stirnchakra kann die kosmische Kraft fließen und die eigene Weltsicht geht über das Rationale hinaus hin zur Verbindung mit der göttlichen und der höheren Intelligenz. Du lebst im Hier und Jetzt und bist komplett gegenwärtig.

Sahasrara Chakra
DER ZUGANG ZU UNSEREM HÖHEREN SELBST

Das siebte Chakra, das Kronenchakra, befindet sich an der Kopfkrone, am Scheitel. Das Kronenchakra steht für den erwachten Zustand, für das höhere Selbst, für das kosmische Bewusstsein – als Vermittler zwischen dem Kosmos und dem individuellen Bewusstsein. Themen, die mit dem Kronenchakra in Verbindung stehen, sind das Bewusstwerden und Erwachen sowie das Einssein mit allem – dem höheren Selbst, mit dem Universum. Je nach Quelle gibt es Meinungen, dass es zu diesem Chakra keine Altersstufe gibt, denn die Ebene, die wir mit einem geöffneten Kronenchakra erreichen, richtet sich vielmehr nach der persönlichen Entwicklungsstufe. Das siebte Chakra steht für Grenzenlosigkeit, Vollkommenheit, Glückseligkeit, Einheit und Bewusstsein. Es bedeutet, tiefe Einsicht erlangt zu haben und auf seiner Reise vorangekommen zu sein. Es bedeutet, nicht mehr getrennt zu sein, keine Angst mehr zu haben und dass man sich komplett im Gleichgewicht befindet. Man steht in Verbindung zum Göttlichen, zum Übernatürlichen und hat das Gefühl, dass diese kosmische / göttliche Energie einen den Kopf „aufbricht", man fühlt sich fliegend und frei in allen Dimensionen und Ebenen. Es öffnet dich für die göttliche Führung in deinem Leben.

Begreifen wir das, was uns die sieben Chakren lehren, begreifen wir die Lehren unseres Lebens. Nehmen wir diese Lehre an und öffnen uns für eine Reise, die tiefer geht als das uns bereits Bekannte, werden wir Zeug:innen von bislang Unvorstellbarem. Die Anspannungen, das Ungleichgewicht oder die Blockaden zu lösen, ist die notwendige Grundlage, um ein ausgeglichenes Chakra herzustellen. Ein Chakra in einem erwachten Zustand zu stabilisieren, erfolgt danach, und das bedarf kontinuierliches Erwachen. Wann immer uns etwas beschäftigt, stresst oder negativ beeinflusst, lautet die Aufgabe, sich selbst zu erwachen. Das bedeutet, sich selbst aus dem Moment aufzuwecken, um sich selbst wieder bewusst zu machen und sich nicht davon tangieren zu lassen, sondern sich einen Moment der Ruhe und des Rückzugs zu nehmen, um den erwachten Zustand nicht zu gefährden. Die Lebensenergie kann nur fließen, solange alle Chakren geöffnet und im Gleichgewicht sind. Sind alle Chakren in ihrem erwachten Zustand stabilisiert, kann ein höheres Gewahrsein entstehen, welches für Bewusstsein und Erwachtsein steht. Dies wiederum eröffnet der Seele eine neue Ebene der Weisheit hinzunehmen. Das bedeutet, dass jede Ebene des Gewahrseins überschritten werden kann und wir uns in einem Prozess befinden, der das Bewusstsein immer weiter ausweitet.

> Wir leben nicht nur in einer dreidimensionalen Welt, sondern in einer mehrdimensionalen Welt. Die Aufgabe besteht darin, Vollkommenheit, Bewusstsein, Einssein und Erwachtsein in seiner eigenen Realität zu erlangen, um diese in allen Dimensionen auszuführen und verschmelzen zu lassen, sodass sich alle Dimensionen wiederum gegenseitig begünstigen.

Es mag aktuell schwer nachvollziehbar sein, was genau ich meine und wie du dich darauf einlassen solltest. Denn Spiritualität und vor allem das spirituelle Erwachen musst du selbst erfahren. Versuche nicht abzulehnen, was du liest, hörst oder fühlst, sondern versuche offen zu sein und nimm es an und lasse es zu, egal wie abwegig es dir erscheinen mag. Wenn du es so empfindest oder vor deinem inneren Auge siehst, ist es Teil deiner Realität und demnach auch Teil dieser Dimension und somit Teil des vollkommenen Ganzen. Es ist nichts falsch daran oder merkwürdig oder sonst irgendwas, hinterfrage nicht, sondern nimm an.

Mein ganzes Leben habe ich mich vom Leben beobachtet gefühlt. Als würde ich mich selbst von außen beobachten und das ist es, worum es beim Meditieren unter anderem geht – sich selbst zu beobachten. Nicht alles muss sich im Verstand oder im Geist abspielen, du kannst genauso dein Herz oder deine Seele beobachten. Nimm eine Beobachterperspektive ein, statt in die Bewertung zu gehen. Es ist so, wie es ist, was auch immer dir in deinen Meditationen begegnen wird.

✦ 40 Tage

Hast du schon mal etwas von der Magie der 40 Tage gehört? Die Zahl 40 steht für einen Zeitraum, der benötigt wird, um etwas Neues entstehen zu lassen. Ein Zeitraum der Vorbereitung und des Übergangs, der Wende und des Neubeginns. Eine Zeit des Erwartens und des Erwachens. Nach 40 Jahren soll der Mensch seine endgültige Reife erreicht haben. 40 Tage und Nächte dauerte der Regen der Sintflut auf die Erde. 40 Jahre zog das Volk Israel durch die Wüste. Jesus verbrachte 40 Tage fastend und betend in der Wüste. 40 Tage dauert die Fastenzeit. Es gibt 40 Schwangerschaftswochen und am 120. Tag der Schwangerschaft findet die Beseelung des Menschen statt. Das Wochenbett, die Regenerationszeit nach der Geburt, dauert 40 Tage. 40 Jahre gelten als die Zeit eines Generationswechsels. In Ägypten meiden Trauernde nach dem Tod einer Person 40 Tage lang bestimmte soziale Ereignisse wie Hochzeiten und andere fröhliche Festivitäten und am 40. Tag nach dem Tod werden am Grab des Verstorbenen bestimmte Trauerzeremonien vollzogen. Aus der Numerologie geht hervor, dass die Zahl 40 die Kraft ist, etwas zu erschaffen und zu erreichen. Auf spiritueller Ebene eröffnet die 40 neue Wege.

40 Tage sind lange genug, um tiefe Erfahrungen zu sammeln, aber nicht zu lange, um nicht in Erinnerung zu behalten, was vorher war, und um Pläne zu machen, was danach kommen soll. Die spirituelle Bedeutung der Zahl 40 bzw. vier setzt sich aus verschiedenen Bestandteilen zusammen, wie zum Beispiel der vier Bewusstseinsebenen:

Vernunft, Ordnung, Messung und Urteilsvermögen. Denn unter der Schwingung der Zahl 40 zeigt sich die Bereitschaft, höheres Bewusstsein aufzubauen, das sich auf den vier Ebenen des Lebens entfalten darf – auf der mentalen, emotionalen, körperlichen und spirituellen Ebene. Die 40 symbolisiert Ordnung und Geduld, steht für die Verantwortung und Zuverlässigkeit im Leben und schwingt mit der Energie der Harmonie und gleichzeitig der Disziplin, dass Wünsche und Träume verwirklicht werden können.

In der Numerologie stellt die Kombination einer Zahl mit der Zahl 0 eine Vergrößerung und Verstärkung der Qualitäten und Eigenschaften dar. Die Zahlenkombination steht für die Vollkommenheit.

> Die Zahl 40 erhält nicht nur die Ordnung aufrecht und schafft eine Routine, sie bietet außerdem den Ehrgeiz, ein festes Fundament für die eigene Seelenmission zu errichten – dein „Tor zur Erleuchtung".

Das erste Mal stieß ich auf die Bedeutung der 40 Tage im Yoga. Während meiner Ausbildung zur Yogalehrerin erfuhr ich von der Magie der 40-tägigen Meditation. Im Kundalini Yoga heißt es, dass, wenn wir 40 Tage am Stück meditieren, sich ein altes Muster verändert. Nach 90 Tagen haben wir ein neues Muster aufgebaut, das in unsere Aura übergeht. Nach 120 Tagen festigt sich das neue Muster in unserer Persönlichkeit. Nach 1000 Tagen haben wir das Thema gemeistert.

Wenn du 40 Tage durchhältst zu meditieren, ist das ein großer Meilenstein. Ich bin in der Vergangenheit mehrmals daran gescheitert und habe letztendlich immer mal wieder meditiert, wenn ich der Meinung war, jetzt hätte ich die Zeit dafür oder gerade könnte es mir gut tun oder mich weiterbringen.

Doch dieses Mal war es anders. Durch die Vorarbeit, die ich geleistet habe und die ich in meine Heilung und Reise investiert habe, konnte ich bereits ab dem ersten Tag sehr tief in die Meditation eintauchen und mich darauf einlassen. Zu diesem Zeitpunkt hatte ich aber auch schon einige emotionale Blockaden gelöst und bereits Erfahrung mit dem Meditieren gesammelt. Es gab Meditationen, die habe ich mit meinem Ritual begonnen und weg war ich. Entscheidend ist, dass du für dich beschließt, anzufangen. Die Dauer von 40 Tagen zu erreichen, wäre wunderbar und könnte dich sehr nah zu deinem inneren Selbst führen. Es soll dich aber nicht unter Druck setzen. Fasse zuerst den Entschluss zu beginnen und leg los, wenn du es fühlst. Beobachte dein Gefühl während der Meditationen, Tag für Tag und Moment für Moment. Scheue dich nicht vor negativen oder schmerzhaften Gefühlen, fliehe nicht, sondern konzentriere dich auf das Fühlen und die Ruhe tief in dir. Versuche, dich nicht ablenken zu lassen und lass deine Gedanken fließen, bis dein Kopf freier wird. Du musst dir nichts beweisen in dieser Zeit. Während des Meditierens geht es nicht darum, dich zu zwingen, die Zeit durchzuhalten und nichts zu denken. Dein Ziel ist, Schmerz loszulassen, um deinem wahren Selbst und deiner Soul Mission immer näher zu kommen. Die Meditation dauert so lange, wie sie dauert. Wenn du erst mit dem Meditieren beginnst, ist die Länge der Meditation etwas kürzer und mit mehr Übung wirst du immer länger in deiner Meditation verweilen können. Bau dir hier keinen unnötigen Druck auf und konzentriere dich voll und ganz auf dein Ziel, deinen Wunsch, deine Intention – weshalb beginnst du jetzt überhaupt zu meditieren? Deine Absicht dahinter ist ganz essenziell. Und genau diese Absicht sollte dich motivieren, Tag für Tag zu meditieren. Es gibt Morgende, da wirst du keine Lust haben, du wirst unterbrochen oder das Gefühl haben, es passiert nichts. Doch all das darf dich nicht demotivieren. Bleib mit deinem Fokus bei deiner Intention: Weshalb meditierst du?

Nimm dir die Zeit und schaffe den Freiraum zu meditieren, wann immer du meditieren möchtest, und lasse dich von nichts abbringen. Solltest du eine Familie haben, dann stehe vor allen anderen auf. Solltest du einen Termin haben, dann plane die Meditation vorher und stehe einige Minuten früher auf. Versuche, die Meditation wirklich zu deiner Gewohnheit werden zu lassen, und zwar ganz natürlich, ohne Zwang und ohne Druck. Und wenn du feststellst, dass es nicht das Richtige für dich ist, auch gut. Dann versuchst du es in ein paar Wochen oder Monaten noch einmal. Was dich immer wieder antreiben wird, ist deine Absicht. Wenn du wirklich heilen willst, wenn du wirklich dein wahres Ich zum Vorschein bringen möchtest, wirst du es schaffen, dran zu bleiben. Deine Absicht wird dich voranbringen, vor allem wenn sie aufrichtig ist.

Nutze *Meditation* als ein *Tool*, ein Werkzeug, das du einsetzt, wenn du auf eine *Frage* eine *Antwort* brauchst, wenn dein *Kopf zu voll* ist und du dich nach *Klarheit* sehnst, wenn du abschalten und einfach nur *sein* möchtest.

Im Verlauf meiner Meditationspraxis habe ich gemerkt, wie unbeschreiblich schön und überraschend einfach ein stabiler Zustand mentaler Stille ist. Mit mir selbst Zeit zu verbringen und einfach nur in der Stille zu verweilen, die Gedanken kommen und gehen zu lassen, den Geist zur Ruhe zu bringen, einen Zustand des Losgelöst-Seins zu erreichen, das ist für mich Selbstverwirklichung. Nicht mehr an meinen mentalen Mustern zu haften, ob bewusst oder unbewusst. Und somit nicht ständig der Identifizierung zu verfallen, indem ich nicht länger über Ängste und Sorgen, Gefühle und Bilder, Wissen und Gedanken, Verlangen und Erinnerungen und Ideen und Urteile nachdenke. Dann kommt der Geist wirklich zur Ruhe. Meditation hat mir die Möglichkeit gegeben, aus einer Ruhe heraus den Grund des Sees meines Geistes betrachten zu können. Das ermöglichte mir, meine Wurzeln zu erkennen und auf den Kern meines Wesens zu treffen. So habe ich mein inneres Licht, Purusha, entdecken können und habe gelernt, dieses zu pflegen und zu nähren. Und zwar Tag für Tag.

Diese 40 Tage haben meine persönliche Weiterentwicklung sehr vorangetrieben und mir Einblicke ermöglicht, die ich gebraucht habe, um in der Tiefe weiterzukommen. Ich kann gar nicht in Worte fassen, wie dankbar ich für all die Erfahrungen, Gefühle und Erkenntnisse bin. Ich bin so sehr über mich hinaus gewachsen, dass sich Raum und Zeit aufgelöst haben, dass ich Energien und Vorstellungen erleben durfte, die sich übernatürlich anfühlten und dass ich Einblicke in die Tiefe meines Herzens und meiner Seele erlangt habe. Durch meine Meditationen konnte ich alte Gewohnheiten auflösen, mich von der Anhaftung der äußeren Welt befreien und gleichzeitig meine innere Welt stärken. Ich konnte vergeben und durfte Heilung erfahren, habe meinen Weg zu meinem wahren Selbst finden dürfen und konnte mich in eine höhere Version entwickeln. All das manifestierte ich und wird sich nun nach und nach immer weiter entfalten. Ich habe gelernt, mich mit meiner Intuition zu verbinden, die sich mir kristallklar und messerscharf zeigte. Ich ließ die Lebenskraft und Energie einfach fließen und stellte mir immer wieder mein inneres Licht vor, wie es von innen heraus strahlt.

Es ist vollbracht: Die neue Version ist reifer, authentischer, selbstsicherer, heiler und freier. Die neue Version von mir ist vollkommen und neugeboren zugleich, im Hier und Jetzt, im Licht der Meditation.

> Und ich trete nun heraus aus dem Schatten meines alten und gewohnten Ichs in das Licht meines wahren Selbst, in meine neue Version, in mein höheres Selbst. Das mir all das ermöglicht hat.

Die 40 Tage halfen mir zu verstehen, dass sich bereits vor diesem Entschluss Muster veränderten. Ich bin nicht mehr die, die ich vor 40 Tagen war, sondern jetzt bin ich das Ich, das ich sein wollte. Und somit konnte ich innerhalb meiner 40 Tage des Meditierens das stärkste Muster aufgeben, das wir aufgeben können. Das Muster, das nicht mehr in mein Leben passte: das Muster meines gewohnten Ichs. Es ist weg. Es hat sich aufgelöst. Vorerst und für diesen Abschnitt meines Lebens. Sicherlich wird es in zukünftigen Situationen getriggert werden und das ein oder andere Thema muss vielleicht nochmals gelöst werden, doch für jetzt ist es vollbracht: Das Muster meines gewohnten Ichs hat sich aufgelöst, es wurde geheilt und transformiert. Die Zeit für einen neuen Abschnitt für mein höheres Selbst ist gekommen. Mein Entschluss hat sich manifestiert, ich bin die bestmögliche Version von mir geworden. Bis hierher für den Moment, für den neuen Abschnitt. Ich wurde zu dem Ich, das ich mir gewünscht habe zu sein – eine höhere Version von meinem wahren Selbst in meinem vollen Potenzial auf dem Weg, meine Aufgabe zu erfüllen, um den Sinn meines Lebens zu leben. Für den Moment bin ich angekommen. Und zwar genau da, wo ich jetzt gerade sein soll:

> Bei meinem wahren Selbst, das sich in meiner nächsten Version entfalten darf. Und so endet dieser Abschnitt meiner Reise zu meinem wahren Selbst, wie sie angefangen hat und zwar mit dem Fassen eines Ent*schlusses*.

Ich fasse den Entschluss, ein glückliches und vollkommenes Leben zu führen und mein wahres Selbst von innen heraus strahlen zu lassen. Ich fasse den Entschluss, dass sich mein wahres Selbst entfalten darf und sein Strahlen durch nichts und niemanden getrübt wird.

Und für dich fasse ich den Entschluss, dass du auch dein wahres Selbst finden wirst.
    Ich weiß, dass du es schaffen kannst und schaffen wirst. Ich weiß, dass du das Muster, das das Fundament deines ganzen Lebens war, aufbrechen kannst, um zu entdecken, was sich darunter verbirgt. Es wird immer wieder Trigger geben, manches müssen wir immer und immer lösen, weil es so tief und fest in uns verankert ist. Es wird neuer Schmerz hinzukommen, vergessene Wunden werden es in deine Erinnerung schaffen und Tests wird es immer geben. Das Leben ist immer im Wandel. Es bleibt nie stehen und es wird immer ein Wechsel aus Höhen und Tiefen sein. Du bist nie am Ende deiner Entwicklung angekommen. Auch

wenn du bei dir selbst angekommen bist, kannst du dich noch weiterentwickeln. Deine Reise ist nie vorbei, aber es gibt Abschnitte, in denen du wachsen, in denen du reifen und in denen du für den Moment vollkommen sein darfst. Wenn wir einmal an dem Punkt der Vollkommenheit angekommen sind, geht es trotzdem weiter, es gibt neue Herausforderungen und neue Wege. Es gibt auch immer noch etwas zu heilen. Wenn du erwacht bist, ändert sich die Realität nicht. Es verändert sich nur die Wahrnehmung und das, was wir in beide Richtungen hindurch lassen. Unser Bewusstsein wird wacher und dadurch wiederholen sich manche Themen und Aufgaben, um mit mehr Tiefe und Bewusstsein sie erneut zu bewältigen und zu lösen.

Wie schmerzhaft dein Abschnitt auch sein mag, verschließe nicht dein Herz. Nimm dir Zeit, tue alles, was dir guttut, aber verschließe nicht dein Herz. Schließe das Glück deines Lebens nicht wieder aus. Rappel dich auf und bekomme wieder Kontrolle über deinen Verstand. Wenn du die Feuerprobe bestanden hast und du alle Umstände loslassen kannst, wird deinem Leben im Sinn, in Glück und in Vollkommenheit nichts mehr im Wege stehen. Du wirst nur von deiner eigenen Energie und deinem eigenen Glück leben können und wirst alles dafür tun, um das beides zu schützen. Es ist ein neuer Kreislauf des Lebens. Ein Kreislauf in Glückseligkeit. Ein neuer Kreislauf in deiner nächsten Version.

Die *Zeit* für deine
neue Version
ist gekommen.
Denk dran: Du weißt,
wer du bist,
wenn du weißt
und loslässt,
wer du nicht bist.

Was ich dir mit auf deinen Weg geben möchte

Ich halte nicht viel von Regeln, Tipps oder gut gemeinten Ratschlägen – vielmehr möchte ich dir etwas auf deinen Weg mitgeben. So hast du nicht den Druck, du müsstest es genauso machen, aber gleichzeitig hast du die Möglichkeit, dir das zu Herzen zu nehmen, was du brauchst und was auf deine aktuelle Situation passt. Sei unvoreingenommen und offen. Du darfst selbst entscheiden, was du daraus machst.

BLEIB DIR IMMER TREU.

Das Erste, was ich dir mitgeben möchte und das steht für mich auch an oberster Stelle, ist, dass du dir immer treu bleibst. Ich habe so viel Zeit verschwendet, so zu sein, wie ich nicht bin, damit ich irgendwo rein passe, damit ich niemanden verliere oder weil es auch oft der Weg des geringeren Widerstandes war. Und das Schlimme daran war, dass ich dadurch die Verbindung zu mir selbst verloren habe, ich hatte das Wissen darüber verloren, wer ich in meinem tiefsten Inneren war. Ich ließ die Menschen um mich herum, an mir rumzerren und rumschrauben, war völlig verwirrt und überfordert davon. Es herrschte nur Chaos, in dem ich mich verloren habe. Und wofür das Ganze? Dafür, einen Menschen nicht zu verlieren, der es schafft, dass ich mich selbst verliere? Das macht doch gar keinen Sinn und das ist so schade. Denn die Verbindung zu dir selbst ist die wertvollste, die du hast, nur durch sie kannst du überhaupt Verbindungen zu anderen Menschen aufbauen. Die Verbindung zu dir ist dein Fundament für all deine Beziehungen. Das bedeutet hart ausgedrückt, dass bei all deinen Beziehungen die Verbindung fehlt. Denn sie basieren auf etwas, das nicht ganz du bist.

Die Verbindung zu dir selbst bricht ab, wenn du dich für andere verstellst oder dich vereinnahmen lässt. Lass sie noch so viel an dir rumschrauben, wie sie wollen. Letztendlich laufen viele nur vor ihren eigenen Problemen weg und projizieren das auf dich. Tief in deinem Inneren weißt du genau, wer du bist, was du willst und was nicht, was du alles kannst und was du alles schaffst. Das einzige, was es braucht, um bei dir zu bleiben, ist, auf die leise Stimme tief in dir zu hören. Bleib bei dir. Bleib bei dir, ohne egoistisch zu sein. Bleib beständig und konstant. Du kennst deine Bestimmung und Berufung. Du weißt, wer du bist. Du kannst dein wahres Selbst finden und dich immer wieder mit ihm verbinden, bis diese Verbindung so stark ist, dass sie dauerhaft besteht und du dein Leben in deiner wahren und reinen Essenz führst. Völlig selbstbestimmt und ohne Zweifel darüber, wer du bist. Es darf nur nichts zwischen dich und diese Verbindung zu dir selbst kommen. Nichts darf daran nagen oder sie versuchen zu kappen. Lass dich nicht in irgendwelche Schubladen stecken oder dir Etiketten anheften. Befreie dich von äußeren Zwängen, Klischees und veralteten Wertvorstellungen. Sei dir deiner wahren Essenz bewusst, verbinde dich mit ihr und du wirst dir immer treu bleiben können. Egal, was um dich herum passiert, egal, wer was von dir will, egal, welche Erwartungen du damit erfüllst oder nicht.

Die Verbindung zu dir kann das Verlässlichste in deinem Leben sein. Nichts und niemand kann dir die Sicherheit geben, wie du dir selbst. Vertraue dir selbst und bleibe dir treu.

BESIEGE DEINE SELBSTZWEIFEL.
IMMER WIEDER UND WIEDER.

Ganz ehrlich: Ich habe mich so oft gefragt, ob man Selbstzweifel überhaupt loswerden kann. Lange Zeit habe ich auch daran gezweifelt, dass die Antwort ja sein kann. Nur bleibt uns nichts anderes übrig, als jeden noch so kleinen Zweifel immer wieder im Keim zu ersticken. Dass Zweifel entstehen, ist menschlich und wird immer wieder passieren. Wir sind keine Maschinen und können uns immer nur bis zu einem gewissen Punkt kontrollieren. Doch Zweifel machen uns kaputt. All deine wertvolle Arbeit, jede Minute, die du in deine persönliche Weiterentwicklung investiert hast, kann mit nur einem einzigen Zweifel kaputt gemacht werden. Ein harter Schritt vor und acht Schritte zurück, wenn du den Zweifel überwiegen lässt.

Aber sobald du deine Zweifel überwunden hast, wirst du wieder ein Stück weiterkommen. Du wirst es merken, denn auf einmal kehrt Leichtigkeit in dein Leben zurück.

Noch immer merke ich, dass Zweifel an meiner Tür klopfen und mich fragen wollen: „Aber was ist, wenn es doch nicht klappt? Was ist, wenn sich keiner anmeldet? Was ist, wenn dein Buch kritisiert wird? Was ist, wenn du negative Kommentare bekommst? Was ist, wenn dich niemand versteht?" - Ja, was ist dann?

Die Zweifel kann mir niemand nehmen, außer ich mir selbst. Um meine Zweifel loszuwerden, kann ich mich an niemandem orientieren. Ich muss mich davon selbst überzeugen und das tue ich jedes Mal aufs Neue. Und das kannst du auch.

ÜBERWINDE DEINE ÄNGSTE.

Sowohl Zweifel als auch Ängste halten dich davon ab, weiterzukommen. Sie halten dich zurück, sie hemmen und blockieren dich. Kein Mensch dieser Welt kam so weit, weil er oder sie mit Ängsten, Zweifeln und Sorgen durchs Leben ging. Im Gegenteil: Es kommt der Zeitpunkt in deinem Leben, da solltest du dich dazu entscheiden, die Angst hinter dir zu lassen. Angst ist ein schlechter Begleiter. Entscheide dich dafür, dich nicht von deiner Angst leiten zu lassen und ihr somit die Macht über dich zu geben.

Ängste dienen uns als Selbstschutz, durch den wir das Gefühl von Sicherheit erlangen. Doch wovor wollen wir uns damit schützen? Du bist nicht schutzlos, wenn du dich von deinen Ängsten befreist. Im Gegenteil, du bist einfach nur frei – frei von Negativität, Zwängen. Frei davon, dich verrückt zu machen.

Vertraue auf das Gefühl in deinem Bauch, denn das ist das richtige. Du liegst immer richtig damit. Alles andere sind Projektionen deines Unterbewusstseins, die dein Verstand dir einreden will: Ängste, Zweifel, Perfektionismus oder Selbstsabotage. Sie sind deine Energie, Kreativität und Umsetzungskraft nicht wert. Sobald das Gefühl der Unsicherheit auftaucht, lass es los und beginne damit, der Stimme, die dir leise zu flüstert, zu vertrauen.

SCHAU GENAUER HIN.

Schaue nicht nach links oder rechts, schaue auch nicht nach vorne oder hinten, sondern schaue nach innen. Und schaue ganz genau hin.

Dasselbe gilt für das Nach-vorne- und Nach-hinten-Schauen: Was der Vergangenheit angehört, kann weder rückgängig gemacht werden, noch kannst du es ändern. Das einzige, was du machen kannst, ist es annehmen, loslassen und Heilung im Hier und Jetzt finden. Was das Nach-vorne-Schauen anbelangt, ist es so: Wenn wir unseren Fokus zu sehr oder zu viel auf die Zukunft richten, besteht die Gefahr, dass wir uns entweder in zu vielen Sorgen verfangen oder die Zeichen und Botschaften, denen wir eigentlich folgen sollen, nicht wahrnehmen. Wir sind nicht aufmerksam und achtsam, wir sind irgendwo – nur nicht hier.

Nimm dir Zeit zu reflektieren und nutze das, was geschehen ist, um daraus wertvolle Erkenntnisse für dich zu ziehen. Schau nicht zu weit nach hinten, sonst kommst du nicht vorwärts. Schau nicht zu weit nach vorne, sonst übersiehst du etwas im Jetzt. Schaue nicht nach links oder nach rechts, sonst verlierst du die Konzentration auf dich und deinen Weg. Nutze deine Zeit und Energie, um deinen Blick nach innen zu richten und genauer hinzuschauen.

WEGABSCHNITTSGEFÄHRT:INNEN.

Jede Begegnung, jede Freundschaft, jede Beziehung hat ihren Sinn und erfüllt einen Zweck. Die Menschen kommen immer zum richtigen Zeitpunkt in dein Leben, sie verlassen aber auch zum richtigen Zeitpunkt dein Leben. So hart und schmerzhaft es ist, Menschen gehen zu lassen: Lass sie gehen. Reisende sollte man nie aufhalten. Auch du bist ein Reisender/eine Reisende für andere. So ist das Leben, so funktioniert der Kreislauf.

Löse dich von den Menschen, die dich nur zurückhalten, an dir herumzerren oder dich verbiegen wollen. Das Leben ändert sich, du veränderst dich. Du entwickelst dich weiter, das bedeutet aber auch, weiterzugehen. Gehe weiter, denn du weißt nie, welchen kosmischen Plan das Universum für dich bereithält. Und wie gesagt, es gibt für alles seine Zeit im Leben.

TU ES.

Wenn du gerne etwas machen würdest, dann tu es. Egal, was es ist, tu es! Es sollte natürlich nicht dich oder andere gefährden. Ich beziehe es auf deine Berufswahl oder Leidenschaft. Du möchtest nicht studieren, sondern lieber eine Ausbildung machen? Dann tu es! Du möchtest nicht ins Familienunternehmen einsteigen, sondern lieber deinen eigenen Weg gehen? Dann lauf los! Du möchtest nicht Fußball spielen, obwohl alle deine Freund:innen Fußball spielen? Dann lass es! Es hat keinen Sinn, sich Dingen zu beugen, die dir widerstreben. Fühlt es sich nicht gut und richtig an, ziehe weiter. Hab den Mut und mach dein Ding!

Solltest du nicht wissen, was du willst, probiere verschiedene Berufe, Hobbys oder Workshops aus. Wichtig ist, dass du an dich glaubst und auf dein Gefühl hörst. Erfreut es dein Herz, erfüllt es deine Seele, schenkt es dir Leichtigkeit und fühlt es sich richtig an, dann ist das dein persönlicher Jackpot. Du bist für jede Entscheidung selbst verantwortlich, triff sie! Triffst du nicht selbst deine Entscheidung, trifft sie jemand anderes für dich. Es gibt kein Richtig oder Falsch. Zum Zeitpunkt deiner Entscheidung ist jede Entscheidung richtig. Und später kannst du immer noch den Kurs korrigieren und einen neuen Weg einschlagen.

Eines meiner Lieblingszitate: „If you never try, you'll never know." – Ich liebe diesen Satz aus dem Song von Coldplay. Er entspricht absolut der realistischen und authentischen Wahrheit. Du wirst es nie erfahren, wenn du es nicht wagst, also tu es!

SETZE EINE KLARE GRENZE.

Setze klare Grenzen, bis wohin du etwas zulässt und ab welchem Punkt nicht mehr. Je klarer du dir über deine eigene Grenze bist, desto klarer kannst du diese kommunizieren und je klarer du diese kommunizierst, desto weniger Reibungspunkte, Missverständnisse oder andere Ungereimtheiten entstehen. Du musst nichts tun, was du nicht tun willst. Du musst nichts machen, nur weil jemand die Erwartungshaltung an dich stellt, dass du es tust. Es ist dein Leben, deine Grenze und deine Entscheidung. Bleib dir selbst treu und ziehe eine nette, aber dennoch bestimmte Grenze. Bis dahin bist du lieb und nett, freundlich und zuvorkommend, höflich und bestimmt, verlierst dich nicht selbst. Wenn du keine imaginäre Grenze ziehst, wird dir auf die Füße getreten werden. Menschen werden dir zu nahe treten und du wirst enttäuscht sein oder verärgert werden. Du wirst immer mehr im Außen sein und dich mehr an den Grenzen anderer orientieren und dich somit an sie anpassen. Das brauchst du nicht. Du bist es dir selbst wert, deine eigene Grenze zu ziehen. Und wenn du der Meinung bist, deine Grenze zu versetzen, dann darfst du das auch gerne tun. Es ist deine Grenze und du setzt sie.

ABSTAND IST NICHT IMMER SCHLECHT.

Oft denken wir, wenn wir auf Abstand gehen, machen wir damit etwas kaputt. Ein Stück weit kann dem so sein, doch dann sollte es genauso kommen. Das Positive am Abstandnehmen ist, dass es dir Klarheit, Bewusstsein und Raum verschafft. Klarheit über deine Aufgabe, Bewusstsein über deine wahre Essenz und Raum für Kreation und Entfaltung. Es geht nicht darum, als Einsiedler:in zu leben und mit niemandem mehr Kontakt zu haben. Es geht ums Freisein und darum, diese Freiheit zu nutzen, um mit dir selbst ins Reine zu kommen, um mit dir alleine zurechtzukommen. Um zu lernen, dass du dich auf dich und deine innere Stimme verlassen kannst. Mit Abstand kannst du vieles klarer erkennen, besser reflektieren und du lernst, dich auf dich selbst zu verlassen. Nimm dir so viel Zeit und Raum, wie du brauchst, und wie es dir guttut.

VERÄNDERUNGEN ANNEHMEN.

Wenn du merkst, dass eine Veränderung bevorstehen könnte, dann nimm sie wahr und nimm sie an. Höre auf deine innere Stimme, um deine Entscheidung treffen zu können und lass dich nicht von der Meinung oder von Ratschlägen anderer zu sehr beeinflussen. Lerne, auf dein Bauchgefühl zu hören und dich von deiner inneren Stimme leiten zu lassen. Deinem Herzen zu folgen, bedeutet, keine Angst vor Veränderungen zu haben und nicht zu denken, dass jede Veränderung etwas Schlechtes bedeutet. Das Vertrauen ins Ungewisse wird dir helfen, dich weiterzuentwickeln. Es wird dich stärken, dir Klarheit über deinen Weg verschaffen und du gelangst deiner Aufgabe immer ein Stückchen näher.

SCHEITERN ODER VOLLENDUNG?

Es wird ein Zeitpunkt kommen, an dem du alles in Frage stellst. An dem du denkst, du befindest dich am Ende der Reise und du hättest es nicht geschafft und müsstest aufgegeben. Du wirst das Gefühl haben, als hättest du schon alles tausendmal gemacht und als würde immer noch ein Teil fehlen. Das wird dich traurig machen und dich verunsichern. Du fängst an, dich wieder mit der äußeren Welt zu beschäftigen und verlierst deine Verbindung zu dir selbst. Alles, was du gelernt hast, liegt zerstreut vor dir. Dein Weg scheint verschüttet. Schon wieder ein Hindernis, schon wieder eine Herausforderung. All das Geröll muss mal wieder beiseite geschoben werden und du weißt gar nicht, wo du anfangen sollst. Ich verrate es dir: Stein für Stein, anders geht es nicht. Während du Stein für Stein beiseite räumst, wird dir klar, wie viel Kraft dich all die Zweifel gekostet haben. Du wirst dich wieder auf das Wesentliche zurückbesinnen müssen, um neue Kraft aus deiner eigenen inneren Quelle zu schöpfen und gleichzeitig das Hindernis zu beseitigen. Alles auf einmal und alles parallel. Denn so spielt die Multidimensionalität des Lebens.

Es können wahsinnig viele Steine sein und du kannst das Gefühl haben, gar nicht voranzukommen. Du schaust zurück und siehst dir all die Steine an, die du bereits zur Seite geschoben hast, all das, was du schon geschafft hast. Dein einziger Blick zurück, um zu sehen, wie weit du gekommen bist. Die Zweifel wollen aber einfach nicht verschwinden, zu weit entfernt und aussichtslos scheint das Ziel. Du suchst nach einer schnelleren Lösung und schaust dich um. Lässt dich von dem, was du siehst, beeinflussen. Deine Wahrnehmung verschwimmt wieder durch all die Eindrücke, Verunsicherungen und Zweifel, die auf dich einprasseln. Hast du innerlich schon aufgegeben? Fühlt sich deswegen alles so sinnlos und traurig an? Das Gefühl, dass etwas fehlt, ist es, weil du aufgegeben hast oder fehlt die Vollendung? Du hast gar nicht aufgegeben. Du befindest dich an der Schnittstelle zur nächsten Entwicklungsebene. Was also fehlt dir zur Vollendung? Zur Vollendung musst du dich dir selbst stellen. Doch wie stellt man sich sich selbst?

Ich hoffe von Herzen, dass das die richtige Antwort für dich ist: Oft bin ich gescheitert und habe immer alle anderen für mein Scheitern verantwortlich gemacht. Und warum? Weil ich nicht bei mir war. Ich war nur im Außen, ließ mich beeinflussen, manipulieren und in eine Richtung drängen. Ich habe meine Selbstzweifel siegen lassen, meine Entscheidung nicht selbst getroffen, keine Grenzen gesetzt und mir nicht den nötigen Abstand genommen. Ich habe meine Ängste nicht überwunden, mich für meine Wegabschnittsgefährt:innen verstellt und nicht getan, was ich eigentlich wollte. Ich habe weder meiner inneren Stimme noch der Ungewissheit Vertrauen schenken können.

Und jetzt schon wieder: Als ich dachte, ich hätte auf meiner Reise aufgegeben, habe ich fast meine Ungeduld und Zweifel siegen lassen. Und genau in dem Moment wurde mir klar, dass die Entscheidung noch gar nicht getroffen war. Ich hatte weder aufgegeben noch war ich am Ende angekommen. Ich musste mich nur mir selbst stellen. Es geht nicht ums Aufgeben. Es geht darum, Geduld aufbringen zu müssen, egal, wie perspektivlos es gerade zu sein scheint und es einfach zu tun – immer und immer wieder. Egal, wie oft es sich zu wiederholen scheint. Der Schritt ins Ungewisse ist der Anfang und nicht das Ende. It doesn't end here. Wenn du merkst, dass du ungeduldig wirst und du scheinst die Perspektive aus den Augen verloren zu haben, dann bist du genau richtig. Dann ist der Zeitpunkt gekommen, an dem du nicht aufgeben solltest. Genau dann heißt es weitermachen, den inneren Schweinehund überwinden, Geduld aufbringen und auf die Perspektive warten. Das ist dein Schritt ins Ungewisse. Das ist der letzte Stein, den du zur Seite räumen musst. Das ist der Moment, in dem du dich dir selbst stellst. Du musst dich überwinden. Alle Gefühle, die du bereits bearbeitet hast und von denen du dachtest, du hättest sie bereits hinter dir gelassen, werden auf einmal hochkommen und für Verwirrung und Chaos sorgen. Erst wenn du aus der Verwirrung herausgekommen bist und das Chaos bereinigt hast, dann hast du dich dir selbst gestellt. Dann hast du dir selbst das Vertrauen bewiesen, das du brauchst, um deine Reise fortzusetzen. Nach dem Chaos folgt die Ordnung und dann bist du eine Ebene weiter und hast die Aufgabe deiner Entwicklungsstufe gemeistert. Wie machst du es am besten, dass Verwirrung und Chaos nicht siegen? Sprich darüber, wie du dich fühlst. Schreibe auf, was du zu sagen hast. Betrachte deine bisherige Reise, immer und immer wieder. Und stell dir die Fragen, ob es sich lohnt, jetzt aufzugeben. Die Antwort ist ganz klar: Nein. Wenn du an diesem Punkt auf deiner Reise angekommen bist, und es geschafft hast, dir selbst zu vertrauen, dann steht der Erfüllung deiner Aufgabe nicht mehr viel im Weg. Verschließe nicht dein Herz, lass die Menschen rein, die dein Herz mit Liebe und Freude füllen. Sprich mit ihnen und verschaffe dir Klarheit. Glaub mir, du wirst das Gefühl haben, dass alles umsonst war, dass das Kartenhaus über dir zusammenbricht oder vielleicht sogar schon zusammengebrochen ist. Und genau dann gibst du einfach nicht auf. Du wirst ein Zeichen erhalten, einen Energieschub, irgendetwas, das dir helfen wird, diese Station auf deiner Reise als letztes Hindernis zu erkennen. Es ist nur ein Test: Bist du bereit, den Schritt ins Ungewisse zu wagen, um deine Aufgabe zu erfüllen?

SIT WITH YOUR SH*T

Wenn ich darüber nachdenke, wie kraftvoll die Wirkung des Meditierens ist, dann ist das ganz klar etwas, das ich dir mit auf deinem Weg geben möchte. Wir nehmen uns so viel zu Zeit für uns selbst, ohne uns Zeit für unser Selbst zu nehmen. Ein gepflegtes Äußeres ist ein absolutes Muss, doch ein gepflegtes Inneres ist essenziell. Wir reden von unseren Problemen, lösen aber unsere emotionalen Themen nicht. Ganz geschweige, dass wir deren Ursachen auf den Grund gehen.

Ich kann dir nur sagen: „Sit with your Sh*t." Setz dich hin und höre deiner inneren Stimme zu. Ich bekomme nicht nur Antworten in meinen Meditationen, ich löse wirklich Themen auf. Ich lache, ich weine, ich schwebe. Ich drifte ab, ich fokussiere mich wieder. Ich erlange dadurch Klarheit und ich habe ein unglaubliches Durchhaltevermögen entwickelt. Das Meditieren hat mir gezeigt, was es bedeutet, etwas durchzuziehen und Disziplin zu entwickeln. Gab es Tage, an denen ich keine Lust hatte? Ja. Gab es Tage, an denen es zeitlich knapp wurde und aussetzen leichter gewesen wäre? Ja. Gab es Tage, an denen ich Angst vor dem hatte, was sich mir offenbaren wird? Ja. Und gab es Tage, da wollte ich ganz aufhören? Ja. Absolut ist das ein Thema, bei dem du lernst, deinen inneren Schweinehund zu überwinden. Aber es ist ähnlich wie beim Sport, wenn du gar nicht darüber nachdenkst, ziehst deine Joggingschuhe an und läufst einfach drauf los, dann bist du schon unterwegs. Wenn du dich einfach hinsetzt und schließt deine Augen, dann brauchst du die inneren Widerstände gar nicht überwinden.

Meditation ist etwas, das ich wirklich jedem Menschen ans Herz lege. Ich verstehe absolut, dass es nicht leicht ist, das ohne Führung zu machen. Aber es gibt ganz wunderbare geführte Meditationen und Unterstützung, die du hinzuziehen kannst. Aus diesem Grund war es mir auch so wichtig, dir die Meditationen aufzunehmen, damit du einen wirklichen Mehrwert davon hast. Sie nur zu lesen, kann für einige nicht ausreichen. Sie aber zu hören und den Anweisungen zu folgen, kann Wunder bewirken. Glaube es mir. Trau dich und probiere es aus.

Meine Meditationen für dich

Mit diesen Meditationen möchte ich, dass du lernst, dich fallen zu lassen. Du kannst dich deinem Körper und Geist völlig hingeben, all die äußeren Einflüsse ausblenden und dich mit deiner Seele verbinden. Die Meditationen sollen dich dabei unterstützen, den Weg zu deinem wahren Selbst zu finden, um herauszufinden, was deine Aufgabe im Leben ist, um die Reise zu deinem Sinn des Lebens anzutreten. Sie sollen dir helfen, in stressigen Alltagssituationen wieder Kraft aus deiner eigenen Quelle schöpfen zu können. Meine Meditationen dürfen dir zeigen, wie einzigartig und facettenreich du bist, wie wahnsinnig tief du mit der Kraft deiner Meditation in dein Inneres gelangen kannst. Und vor allem, wie die Magie der Meditation dein Leben grundlegend und nachhaltig verändern kann.

Die Meditationen richten sich nach einigen Kapiteln dieses Buches, sodass du so lange die jeweilige Meditation praktizieren kannst, bis du dich bereit fühlst, mit der nächsten weiterzumachen. Die Meditationen bauen zwar aufeinander auf, aber wie ich eingangs bereits gesagt habe: Wir alle haben unser eigenes Tempo und vielleicht stehst du bereits an einem ganz anderen Punkt in deinem Leben und fühlst, dass du mit einer anderen als der ersten Meditation starten möchtest. Dann gehe deinem Gefühl nach. Manche Meditationen wirst du sicherlich an unterschiedlichen Stellen deiner Reise wiederholen. Lasse dich einfach auf dein Gefühl ein, lausche, was es dir sagt, was du jetzt brauchst. Dennoch bin ich mir sicher, dass es dir helfen wird, dich an ein grobes Grundgerüst wie dieses zu halten.

Bevor du beginnst, ist es wichtig, dass du ein paar grundlegende Dinge über das Meditieren weißt. Ich empfehle dir, täglich zu meditieren, und egal, wie es dir geht, es nicht auszulassen. Zudem kannst du natürlich entscheiden, ob es abends oder morgens besser für dich funktioniert, beide Zeiten eignen sich, um einen Zugang zum Unterbewusstsein zu erlangen. Meine persönliche Präferenz ist, morgens zu meditieren. Die Eindrücke des Vortages sind bereits größtenteils verarbeitet und du wachst mit einem frischen und klaren Geist auf. Wenn möglich, versuche immer zur gleichen Uhrzeit zu meditieren. Zu Beginn meiner Meditationspraxis war ich immer sehr spät, bis ich meinen Rhythmus umgestellt habe und nun immer zwischen 05 Uhr und 05:30 Uhr aufstehe, um mit der Sonne aufzustehen und dennoch vor Tagesbeginn zu meditieren. Es ändert die gesamte Dynamik deines Tages. Die Länge der Meditation hängt von deiner Erfahrung mit dem Meditieren und deinem Tagesablauf ab. Daher ist es jedoch wichtig, dir im Vorfeld ausreichend Zeit für die Meditation einzuplanen, damit du nicht abbrechen musst oder es danach stressig für dich wird. Das hilft, währenddessen nicht ständig an die Uhr oder die Zeit zu denken.

Trage außerdem Kleidung, in der du dich wohlfühlst. Es sollte nichts zwicken, sodass du nicht zuppeln musst. Der Meditationszustand spricht dein vegetatives Nervensystem an, durch welches du dich sehr tief entspannen und „abschalten" kannst. Dadurch kann dein Körper teilweise auskühlen und du solltest nicht frieren, das würde deinen Geist ablenken. Um dein wahres Ich kennenzulernen und deine Aufgabe zu finden, wirst du einiges von deinem gewohnten Ich und Umfeld aufgeben, also erschaffe dir einen Ort, an dem du dich wohlfühlst, der dich nicht ablenkt und der für dich zu deinem ganz besonderen und sicheren Platz wird.

Es ist wichtig, dass du einen Platz findest, an dem du dich wohlfühlst und an dem es nicht zieht oder sonstige äußere Einflüsse dich ablenken könnten.

Schau dir dein Zuhause genau an. Wo ist ein Platz, an dem du dich wohlfühlst? Am besten, du sitzt auf dem Boden, um deine Verbindung zur Erde zu finden. Mich zog es ans Fenster. Ich bin gerne draußen, ich habe gerne Licht und Luft um mich herum.

Wähle deinen Platz zum Meditieren aus, nimm dir ein Kissen, ein Bolster oder ein Meditationskissen, auf dem du gut sitzen kannst. Als Nächstes bereitest du deinen Körper auf das Meditieren vor. Finde einen aufrechten Sitz mit geradem Rücken, lockeren Armen und entspannten Beinen. Setze dich dazu gerne im Schneidersitz auf das Kissen und rutsche so weit nach vorne, dass deine Knie den Boden berühren, du dein Becken ganz entspannt nach vorne kippen und du deine Wirbelsäule ohne Mühe aufrichten kannst.

Mehr brauchst du für den Anfang nicht unbedingt. Natürlich ist es schön, eine Kerze oder Räucherstäbchen anzuzünden. Ich räuchere auch gerne und regelmäßig vor der Meditation, um meinen Platz und mich von fremden oder negativen Energien zu reinigen oder um meine eigene Energie wieder zu harmonisieren. Richte dir einen kleinen Altar mit Edelsteinen und Räucherwerk ein, wenn du deine Meditationspraxis etabliert hast.

Doch lege da vorerst nicht deine Priorität darauf, sondern konzentriere dich zuerst auf dein Inneres.

Schließe deine Augen und nimm die Hände in Gebetshaltung vor deinem Herzen zusammen, sodass die Daumen dein Brustbein berühren. Atme ganz tief und bewusst ein paar Mal ein und aus. Entspanne deinen Körper und deine Gesichtszüge. Spüre in dich hinein und fühle nach, ob du Anspannung in deinem Körper hältst und lasse sie mit dem nächsten Atemzug gehen. Lass los und entspanne diese Stelle. Spüre in jede Körperpartie hinein und wiederhole das bei jeder Anspannung, die du wahrnimmst, so oft, bis du sie gelöst hast. Überprüfe deine Gesichtszüge, fühle nach, ob deine Lippen sanft aufeinander liegen, deine Zunge vom Gaumen gelöst ist und dein Unterkiefer locker hängt. Auch deine Gesichtshaut und der Punkt zwischen deinen Augenbrauen sollten ebenfalls entspannt sein. Dein Körper ist vorbereitet für die tiefe Meditation, also nimm einen weiteren tiefen Atemzug und konzentriere dich auf deinen Geist, auf deine Gedankenwelt.

Um meinen Geist auf die Meditation vorzubereiten, eröffne ich jede Meditation mit einem kleinen Ritual, indem ich die Verbindung zu meiner inneren Welt herstelle. Vielleicht möchtest du dir auch einen Satz oder eine Gestik überlegen, um jede Meditation zu eröffnen. Falls du lieber mit dem Fokus auf deiner Atmung bleiben möchtest, dann tu das gerne. Lass mit jeder Ausatmung all die Anspannung los und sinke tiefer in einen ruhigen und entspannten Zustand. Lass alle Erwartungshaltungen mit jeder Ausatmung los. Lass den Druck gehen, direkt auf alle Fragen eine Antwort zu erhalten. Und mache dir mit jeder Einatmung bewusst, dass Meditieren ein Prozess ist, den wir alle erst lernen müssen. Mache dir bewusst, dass du es für dich tust, damit du deine Verbindung zu dir selbst stärkst und dich weniger im Außen, sondern mehr im Innen aufhältst. Gestalte die Länge deiner Meditation so, wie du möchtest und es brauchst. Am Anfang kann es sein, dass es dir schwer fällt, länger in der Stille zu verweilen. Beende jede Meditation in Dankbarkeit, egal wie du dich fühlst. Sei dankbar dafür und nimm jede Erkenntnis, die du aus der Meditation erlangst, dankend an, auch, wenn du keine Erkenntnis erlangen konntest, dann war es einfach noch nicht der richtige Zeitpunkt dafür. Nimm dir anschließend so viel Zeit, wie du brauchst, um wieder zurück in deine Umgebung zu finden. Überlaste dein Gehirn nicht direkt mit den Nachrichten auf deinem Handy, sondern beginne ganz entspannt deinen Tag, falls du morgens meditierst. Solltest du lieber abends meditieren, lass auch dann das Handy weg und versuche, mit dem ruhigen und entspannten Gefühl ins Bett zu gehen. Wenn du dir unsicher bist, ob du lieber morgens oder abends meditieren solltest, dann probiere beides aus. Es gibt kein Richtig und kein Falsch. Mach es so, wie es sich für dich gut anfühlt.

Der meditative Prozess beginnt mit dem Erkennen des Zwecks. Der Hauptzweck, weshalb du meditierst, mag für dich vorerst ein anderer sein, aber im Grunde genommen geht es bei jeder Meditation darum, seine Aufmerksamkeit von der Außenwelt, von seinem Körper und der Zeit abzuwenden und sich auf seine innere Welt und seine Absichten zu fokussieren. Es bedeutet, deinen analytischen Verstand zu umgehen, um dich deinem Unterbewusstsein zuwenden zu können, um den Zugang zu alten Gewohnheiten und Mustern sowie deinem Ballast und Schmerz zu erhalten.

Ist dir dein persönlicher Zweck der Meditation bewusst, geht es darum, das Problem zu erkennen und es zu benennen. Du schaust quasi täglich auf dein Leben zurück und versuchst zu erkennen, was benannt und identifiziert werden muss: Was möchtest du von deinem alten Ich loslassen? Welche limitierenden Glaubenssätze möchtest du lösen? Nimm jede einzelne Emotion nacheinander wahr und spüre, was sie mit dir macht, was sie in deinem Körper auslöst. Welche Verhaltensweise steht mit dieser Emotion in Verbindung? Jede Emotion beeinflusst jede deiner Handlungen auf ihre ganz bestimmte Weise. Wenn du diesen Prozess abgeschlossen hast, wird es Zeit, dass du dich zu all deinen Erkenntnissen und letztendlich zu dir selbst bekennst und dir eingestehst, wer du bist, welche Fehler du gemacht hast, welchen Schmerz du lösen möchtest, welche

Mauer du einreißen und welche Emotionen du verwandeln möchtest. Was unterdrückst du? Welche Wahrheit hält dein Ego versteckt?

Loszulassen ist für die meisten von uns sehr schwierig. Das Anhaften bietet Sicherheit und macht das Gewohnheitstier in uns glücklich. Das Anhaften am eigenen Ego ermöglicht es uns nicht, die Probleme auf derselben Ebene lösen zu können. Das Ego ist nicht per se unser Feind, aber wir müssen es erst noch zu unserem Freund machen. Denn sonst erzeugt es nur mehr von dieser Art der Probleme.

Dazu müssen wir also eine höhere Bewusstseinsebene erreichen, die über dem Ego steht und somit das Ego überwinden kann, damit wir die Probleme, Vergangenheit, Gewohnheiten und Traumata überwinden und schließlich auch loslassen können. Tritt ins Vertrauen, dass die höhere Bewusstseinsebene dich auffängt und dich auf dem Weg deiner Heilung unterstützt. Die Befreiung von deinem gewohnten Ich bringt dich mehr und mehr zu deinem wahren Ich und somit auch zu deiner Aufgabe. Beobachte dich und erkenne immer mehr, was du loslassen möchtest und was geheilt werden muss, damit du dich deinem neuen, deinem wahren Ich hingeben kannst.

Vergiss nicht: Meditieren ist nicht Denken und Denken ist nicht Meditieren. Lass Gedanken zu, wenn sie es brauchen und zwinge sie nicht, Ruhe zu geben. Meditieren ist das Bewusstwerden, Annehmen und Loslassen, Verstehen und Erfahren.

1. Öffne dein Herz mit Dankbarkeit

Diese Meditation soll dir helfen, dich mit Liebe und Dankbarkeit verbinden zu können. Diese Verbindung ermöglicht es dir, die Magie der beiden höheren Emotionen in dein Leben zu ziehen, indem du dich in deren Frequenzbereich begibst. Dankbarkeit zieht Weiteres an, wofür du dankbar sein kannst. Liebe zieht mehr Liebe an.

Wenn du deine gewohnte Sitzhaltung eingenommen hast, eröffne deine Meditation mit deinem kleinen Ritual und konzentriere dich auf deine Atmung. Atme ein paar Mal tief ein und aus. Entspanne dabei deinen Körper, deine Gesichtszüge.

Atme tief und vollständig ein. Atme aus und lass alle Spannungen aus deinem Körper los. Nimm so oft einen tiefen Atemzug, wie du es brauchst, und atme so lange aus, bis du deinen Lunge vollständig geleert hast. Wiederhole deine Atemzüge, bis du dich bereit fühlst, dich auf etwas anderes zu konzentrieren.

Und dann verbinde dich mit deinem Herzen. Gehe mit deiner Aufmerksamkeit zu dem physischen Sitz deines Herzens und verbinde dich durch das Lokalisieren nun mit deinem Herzschlag. Nimm deinen Herzschlag wahr, spüre ihn, höre ihn und sinke mit jedem Herzschlag tiefer in dein Herz hinein. Was spürst du? Was nimmst du wahr? Was liegt dir auf dem Herzen? Kannst du es lösen? Mit deinem nächsten Atemzug versuche, diesen einen sicheren Ort, den es nur in deinem Herzen gibt, aufzufinden. Wenn es dir hilft, visualisiere ihn. Wenn du dort angekommen bist, kannst du fühlen, dass dir an diesem Ort nichts passieren kann.

Bleibe für eine Weile an diesem sicheren Ort deines Herzens. Nimm dort Platz und beantworte dir die Frage, ob du bereit bist, dein Herz zu öffnen. Stelle dir vor, wie sich dein Herz öffnet, wie es sich weitet, wie Liebe in Form von strahlendem Licht hinein strömt und sich von deinem Herzen aus in deinem ganzen Körper verteilt. Lass es geschehen. Lass Liebe in jede Zelle deines Körpers hinein. Lass Liebe wirken.

Spüre, wie sich dadurch Dankbarkeit in dir ausbreitet, Dankbarkeit, solch eine Liebe erfahren zu dürfen. Mach dir bewusst, wo überall Liebe in deinem Leben ist und benenne all das, wofür du dankbar bist. Benenne all die Menschen, für die du dankbar bist, stelle sie dir vor deinem inneren Auge vor. Benne alles andere, für das du in deinem Leben dankbar bist und stelle es dir vor deinem inneren Auge vor. Für dein Haustier, dein Zuhause, deine Arbeit, für alles, wofür du dankbar bist.

Lass Liebe und Dankbarkeit geschehen. Lass sie wirken. Spüre, wie dich die beiden höheren Emotionen zum Schweben bringen und lass es geschehen, lass alles zu. Gib dich deinen Gefühlen hin und fülle deinen Körper, deinen Geist und deine Seele mit dieser Liebe und Dankbarkeit.

Beende deine Meditation in Liebe und Dankbarkeit für all das, was geschehen ist.

Wiederhole diese Meditation, wann immer du Dankbarkeit und Liebe spüren und etwas von deren Magie in die Welt hinaus tragen möchtest.

2. Befreien & Loslassen

Ein Leben in Freiheit und Leichtigkeit: Befreie dich von allem, was dir nicht länger dienlich ist, und lass es los. Wovon auch immer du dich lösen möchtest, jetzt ist der richtige Zeitpunkt gekommen. Verabschiede dich von deinem gewohnten Ich, deinem alten Ballast und deinen angestauten Emotionen. Löse dich von den Wegabschnittsgefährt:innen, die keine Rolle mehr in deinem Leben spielen, und gehe weiter. Loslassen und befreien – genau dabei soll dir diese Meditation helfen.

Nimm deine gewohnte Meditationshaltung ein und eröffne deine Meditation mit deinem kleinen Ritual. Lenke deinen Fokus auf deine Atmung und darauf, dass du gleichmäßig ein- und ausatmest. Sobald du durch deine Atmung zur Ruhe gekommen bist, beginne mit deiner Selbstbefragung: Was gibt dir das Gefühl, gefangen zu sein? Wo spürst du diese Enge in deinem Körper? Wovon möchtest du dich losreißen? Wovon möchtest du dich befreien?

Suche dir die Fragen aus, die zu deiner aktuellen Lebenssituation und Entwicklungsphase passen. Beantworte sie ganz offen und ehrlich und schenke deinem Unterbewusstsein Gehör, denn es weiß, wann es an der Zeit ist, loszulassen.
    Sobald du bei einem Thema angekommen bist, von dem du dich befreien und das du loslassen möchtest, verbinde die Einatmung mit dem Wort „lass" und die Ausatmung mit dem Wort „los". Visualisiere das Geschehnis, die Per-

son oder die Emotion und verabschiede dich in Frieden und Dankbarkeit. Alles, was dir in deiner Vorstellung hilft, loszulassen, ist erlaubt.

Wiederhole diese Mediation so oft, bis du das Gefühl hast, dass du für deine jeweilige Entwicklungsphase mit deiner Vergangenheit im Reinen bist. Wende diese Meditation dann wieder an, wenn etwas Akutes vorgefallen ist und du nicht möchtest, dass es sich festsetzt oder wenn du merkst, dass dein Fokus zuletzt wieder vermehrt auf der Außenwelt lag, statt nach innen gerichtet.

3. Vergeben & Heilen

Nimm dir ausreichend Zeit für diese Meditation, vor allem auch Zeit für danach. Der Vergebungsprozess kann sehr schmerzhaft sein und dich gleichzeitig viel Kraft kosten. Es können sich körperliche Symptome, wie Müdigkeit und Kopfschmerzen, äußern, wenn der Prozess sehr intensiv war. Versuche, ganz unvoreingenommen zu sein und lass dich auf alles ein, was dein Unterbewusstsein hervorbringt.

Bringe deinen Körper in eine aufrechte und angenehme Meditationshaltung, führe dein persönliches Ritual zum Ankommen durch und lenke deine Aufmerksamkeit zum vollständigen Ankommen wieder auf deine Atmung. Versuche, dich deiner Atmung komplett hinzugeben und mit jedem Atemzug tiefer in dein Unterbewusstsein einzudringen. Lass dich mit jeder Ausatmung immer tiefer in dich selbst hineinfallen. Und habe keine Angst davor, abzugeben und dich fallen zu lassen. Stelle dir vor, wie du tiefer in das sichere Netz deines Unterbewusstseins fällst. Lass es zu, lass es geschehen.

Denke an das Wort „Vergebung" und stelle dir die Frage, wem du noch nicht vergeben hast. Die Person, die du nun vor deinem inneren Augen siehst, ist die Person, der du dich nun stellen wirst. Was hielt dich bislang davon ab? Was steht zwischen euch? Weshalb erscheint dir diese Person? Diese Person kannst auch du sein. Nenne all die Punkte, die dir einfallen und das Thema oder die Ereignisse, die es zu vergeben gilt. Versuche einmal, die Perspektive zu wechseln. Warum hat die Person so gehandelt? Aus welchem Grund oder aus welchen Gründen hat sie sich so verhalten oder hat sie sich so verändert? Versuche dabei, Verständnis aufzubringen. Verstehe ihre oder seine Beweggründe und nimm sie an, ohne sie zu bewerten. Es ist geschehen und keiner von euch kann die Vergangenheit nunmehr ändern. Das einzige, was deine Wunden für ihre Heilung brauchen, ist Vergebung. Vergebt euch auf die Art und Weise, wie du es dir gerade vorstellen möchtest. Nehmt euch in den Arm und sprich die Worte in deinem Geiste „Ich vergebe dir. Ich verstehe, warum du so gehandelt hast und daher vergebe ich dir." Du möchtest nicht mehr diesen Groll, diese Wut oder diesen Frust der Person gegenüber in dir tragen und daher lässt du alles mit deiner nächsten Ausatmung los. Atme so oft aus, bis du das Gefühl hast, alles gehen gelassen zu haben. Verabschiede dich von der Person, der du vergeben hast. Schenke ihr ein Lächeln.

Beende deine Meditation in Verständnis, Dankbarkeit und Heilung.

Lass all die Gefühle und körperlichen Symptome, die du eventuell den Tag über noch haben wirst, zu. Sie zeigen dir, dass deine Wunden heilen. Dass du heilst.

4. Klarheit & Bewusstsein

Diese Meditation soll dir im Anschluss helfen, durch Klarheit und Bewusstsein Kraft zu schöpfen. Sie soll dich immer wieder erden und dich gleichzeitig in einen schwerelosen Zustand versetzen. Wann immer du das Gefühl hast, einen klaren Kopf zu brauchen, um weiterzukommen, empfehle ich dir, dich in diese Meditation zurückzuziehen und die Magie der Meditation sich mit der Kraft deines Geistes vereinen zu lassen.

Finde deinen Meditationssitz und beginne mit deinem Anfangsritual. Fokussiere dich auf deine Atmung. Versuche, deine Gedanken zu entspannen und sie leiser zu drehen. Versuche, sie auf die niedrigste Lautstärke zu stellen, sodass sie eigentlich kaum wahrnehmbar für dich sind. Lenke deine gesamte Wahrnehmung auf deine Atmung. Geh ins Spüren hinein. Wie fühlt sich deine Einatmung an? Wo kommt die Luft überall hin? Was macht die frische und neue Luft mit dir – mit deinem Körper, mit deinem Geist? Atme tief in deinen Bauch ein und lass die Luft über deinen Brustkorb bis in deinen Hals und wenn möglich bis in deinen Kopf – bis hinter die Stirn – aufsteigen. Lege deine ganze Kraft und deinen gesamten Fokus nur auf den Weg der Einatmung und mach das ein paar Mal für dich. Achte darauf, dass dir nicht schwindelig wird.

Konzentriere dich dann auf deine Ausatmung. Die alte verbrauchte Luft gefüllt mit allem, was du nicht mehr in deinem Körper und Geist haben möchtest, verlässt auf demselben Weg nur rückwärts deinen Körper. Die verbrauchte Luft findet den Weg von deinem Kopf, durch den Hals über deinen Brustkorb aus deinem Bauch heraus. Du spürst, wie dich jede Ausatmung erdet. Wiederhole die Ausatmung einige Male, sodass du den Fokus ganz dem Gefühl der Ausatmung widmen kannst.

Anschließend nimm ein paar Atemzüge und verfolge mit deiner Aufmerksamkeit sowohl den Weg der Einatmung als auch den Weg der Ausatmung. Nimm diese wundervolle Symbiose der Dualität wahr – aus der Leichtigkeit der Einatmung, die dich schwerelos wirken lässt, und aus der kräftigen Ausamtung, die dich erdet und dir Sicherheit schenkt. Wenn du das ein paar Mal wiederholt hast, wird sich dein Geist, aber auch dein Körper viel vitaler, energetischer und freier fühlen. Die neu gewonnene Klarheit schärft dein Bewusstsein und du bist vollkommen geöffnet, geerdet und im gegenwärtigen Moment angekommen.

5. Finde dein wahres Selbst & deine Aufgabe

Triff dein wahres Selbst und erforsche es, lerne es kennen und lieben. Finde deine Aufgabe, indem du dich mit deiner Essenz auseinandersetzt. Diese Meditation wird dir helfen, dich besser zu verstehen und dich auf deine Wurzeln des Seins zu besinnen, sodass du im Außen viel deutlicher und konkreter deine Aufgabe visualisieren und dein Selbst ausdrücken kannst.

Beginne deine Meditation mit deinem Ritual, um anzukommen. Um dich wieder in einen tiefen Meditationszustand hineinzufühlen, verbinde dich mit deiner gleichmäßigen und regelmäßigen Atmung. Versuche, dich fallen zu lassen und mit jedem Atemzug tiefer in dein wahres Inneres zu deiner Essenz zu gelangen. Wenn du das Gefühl hast, an einem Ort der Schwerelosigkeit angekommen zu sein, an einem Ort, an dem Körper, Geist und Seele miteinander verschmolzen sind, bleibe da. Jetzt darfst du dein wahres Selbst fragen: Wer bist du? Wer bist du, wenn du frei von allen Etiketten wärst, die dir in deinem Leben verpasst wurden? Wer steht da vor dir, vor deinem geistigen Auge? Was macht diesen Menschen so besonders? Wer ist dieses Ich, dieses wahre Selbst?

Bleibe immer im Positiven und erkenne alles an, was dir in den Sinn kommt. Sieh dich so, wie du dir erscheinen sollst.

So, wie du bist. Wenn du dein Unterbewusstsein fragst, wer und wie du bist, erhältst du die Antworten. Nimm sie an und freue dich darüber. Du bist ein wundervoller und einzigartiger Mensch, den es genauso nur ein einziges Mal auf dieser Welt gibt. Und dieser Mensch hat seine ganz individuelle Aufgabe, dessen Erfüllung sein Sinn des Lebens ist. Stelle dir also nun folgende Fragen: Was wolltest du schon immer tun? Was ist dein größter Herzenswunsch? Was möchtest du hier auf der Welt hinterlassen? Passt die Liste deiner Ziele und Wünsche zufällig mit deiner Bucket List überein? Siehst du eine Gemeinsamkeit zwischen einem deiner Ziele und einem Wunsch? Wenn ja, welche Aufgabe ergibt sich daraus? Denn genau das ist deine Bestimmung. Der Sinn deines Lebens.

Zum Abschluss deiner Meditation stelle dir dein Zukunfts-Ich vor: Stelle dir vor, du hättest mit der Umsetzung deines Ziels durch deine persönliche Aufgabe bereits angefangen. Wie siehst du dich? Wie nimmst du dich in der Rolle der Ausführung deiner Aufgabe wahr? Wie möchtest du dich verhalten und wie möchtest du dich fühlen? Welche Energie umgibt dich und deine Aufgabe?
  Manifestiere dein Zukunfts-Ich und speichere es dir ab, sodass du es immer wieder hervorholen kannst, wenn die nächste Herausforderung um die Ecke kommt. Falls sich doch nochmal Zweifel zu Wort melden, denke an dein Zukunfts-Ich. Denn das bist du: dein wahres Selbst in physischer Form, das gerade dabei ist, seiner Aufgabe, seinem Sinn des Lebens nachzugehen und die Welt zu einem besseren Ort zu machen.

6. Stärke & nähre dich

Diese Meditation soll dir zeigen, wie unersättlich deine innere Quelle der Kraft ist. Es ist der Ort, an dem du durch Rückbesinnung Kraft tanken kannst. Daher ist diese Quelle unersättlich, denn du nährst sie mit einem Leben in deiner wahren Essenz. Lass die äußere Welt durch diese Meditation hinter dir und nähre dein inneres Licht, bring es zum Strahlen und erhalte es am Leuchten.

Finde dich in deine Meditation ein, indem du mit deinem Ritual beginnst und den Fokus auf deine Atmung legst. Und dann, lass es geschehen: Ist heute der Tag, an dem dein Monkey Mind einfach nicht zur Ruhe kommen will, dann gib den Äffchen Bananen und sie werden sich irgendwann niederlassen und mit dem Futtern beginnen. Vielleicht ist heute aber auch der Tag, an dem du dich auf deine innere Verbindung zurückbesinnen möchtest. So oder so – gib dir erst einmal Zeit und Raum, deinen Ist-Zustand wahrzunehmen. Du musst nicht voll drauf los preschen in der Hoffnung, dass du heute erleuchtet wirst.

ENTSCHLEUNIGUNG. BESINNUNG. VERBINDUNG. STÄRKEN UND NÄHREN.

Verbinde dich mit deinem Herzen und lass alles los, was zuletzt in deiner äußeren Welt vorgefallen ist. Egal, ob kleinste Kleinigkeit oder riesen Ereignis. Lass los. Dein Herz will frei sein. Besinne dich darauf zurück, weshalb du die

Reise zu dir selbst angetreten bist. Weshalb du vielleicht bereits die ersten Phasen der Umsetzung deiner Aufgabe abgeschlossen hast. Wie viel du erreicht hast, seitdem du beschlossen hast, dich auf die Reise zu dir selbst zu begeben. Und dann verbinde dich wieder mit deinem wahren Selbst, mit der Person, die du wirklich bist. Schöpfe Kraft aus eurer Verbindung, aus deiner wahnsinnigen Leistung, die du bereits erbracht hast, weil du überhaupt schon an dem Punkt angekommen bist. Und stelle dir wieder dein Zukunfts-Ich vor. Was würde es jetzt gerade zu dir sagen, was du unbedingt hören möchtest? Was soll es dir geben, was du gerade brauchst? Lass es dir von deinem Zukunfts-Ich sagen und nimm es an. Lass es dir mit auf deinen Weg geben und gehe mit der neu gewonnenen Kraft deinen Weg weiter. Beschließe, dich nicht von der äußeren Welt beirren zu lassen. Keiner hat so viel Kraft, um an dir herum zu zerren. Du kannst durch die Verbindung zu deinem wahren Selbst viel mehr Kraft aus deinem Inneren schöpfen als von irgendwoher durch die äußere Welt.

Beende deine Meditation, indem du die neue Kraft mit jeder Einatmung in deinem ganzen Körper verteilst. Indem du mit jedem Atemzug Licht in deinen ganzen Körper verteilst. Indem du beschließt, dieses Licht am Leuchten zu erhalten.

7. From Heart To Toe

Dies ist meine Meditation für dich, die du immer dann praktizieren kannst, wenn du merkst, dass dein innerer Frieden aus dem Gleichgewicht geraten ist und du wieder mehr Durchblick über dein Leben erhalten möchtest. Es ist keine klassische Form der Meditation, sondern vielmehr eine Art meditative Auszeit. Sie soll dir zeigen, dass es manchmal besser ist, sich kurz zurückzuziehen, um im Alltag seinen inneren Frieden zu wahren. Es bedarf regelmäßiger Übung und ständigem Erinnern, dass du deinen inneren Frieden wahren musst, um bei dir bleiben zu können.

GLEICHGEWICHT. RÜCKZUG. KONTROLLE. ENTSCHEIDUNG.

Welche Art von Stress dich auch gerade aus dem Gleichgewicht gebracht hat, nimm dir Zeit für einen kurzen Moment des Rückzugs. Ob du dich kurz an einen ruhigen Platz zurückziehst, einmal um den Block läufst, dir ein Glas frisches Wasser zum Trinken holst oder einfach kurz die Augen schließt.

Finde deine Mini-Momente des Rückzugs, damit du nicht aus dem Gleichgewicht gerätst und tue alles, was in deiner Macht steht, um dein Gleichgewicht aufrechtzuerhalten: Achte auf deine Ernährung, ausreichend Bewegung und Schlaf, kein übermäßiger Konsum und zu viel Bildschirmzeit. Was immer du gerne tust, mach es regelmäßig, damit es dir gut geht und dein Gleichgewicht nicht in Schieflage gerät.

Lerne, dich zu kontrollieren. Sich zu kontrollieren, bedeutet nicht, aufgesetzt und unauthentisch zu sein. Es bedeutet einfach, sich nicht jedem Bedürfnis, jedem Verlangen und jeder Laune hinzugeben, manche Kommentare einfach hinzunehmen und keinen Widerstand zu leisten, nicht auf ungestellte Fragen zu antworten und dennoch höflich zu sein. Kontrolle bedeutet in diesem Zusammenhang, seine Energie zu schützen, indem du sie gezielt lenkst. Kontrolle bedeutet, nicht alles rein aus der Gewohnheit und der Routine heraus zu tun, sondern aus Überzeugung. Denn dazu entscheidest du dich, wenn du deine Reise zu dir selbst angetreten bist und deine Aufgabe erfüllen möchtest. Du entscheidest dich für deine Überzeugung und aus dieser Überzeugung heraus zu leben.

Nimm dir also deine Mini-Momente der Ruhe und der Stille und du wirst ausreichend Kraft und Energie haben, um im Gleichgewicht deiner Aufgabe mit Überzeugung nachgehen zu können. Um die Kontrolle über deine eigenen Ressourcen zu haben und um klare Entscheidungen mit dem notwendigen Abstand treffen zu können.

Was immer dir hilft, bei dir zu bleiben, setze es in einen Mini-Meditation-Moment um und schenke dir selbst einen Moment der Ruhe und Stille, bleib bei dir – from heart to toe.

Epilog

Fast drei Jahre, nachdem ich die ersten Worte für dieses Buch geschrieben habe, werde ich es nun endlich in meinen Händen halten. So wie du. In diesen drei Jahren durfte mein wahres Selbst wachsen und reifen. Es durfte sich formen und lernen, sich zu zeigen. Es versteckt sich nicht mehr, es entwickelt sich weiter und weiter und entfaltet sich immer mehr.

Ich habe drei Jahre gebraucht, um den Schritt zu wagen, dieses Buch zu veröffentlichen. Drei Jahre, um zu erkennen, dass ich kein Teil der „Spiri-Bubble" bin, sondern eine Frau, die etwas bewirken kann. Deren Wirken bereits einen Unterschied gemacht hat. Und aus diesem Grund bin ich hier: Ich möchte etwas in dir bewirken – ob mit Coachings, Reiki, Sound Healing oder diesem Buch. Dieses Buch erzählt von den verschiedenen Versionen meiner selbst, die alle unterschiedlicher nicht hätten sein können. Doch was sie immer gemeinsam hatten, ist ihr Kern. Mein Kern wirkt nun von innen heraus und das ist das Größte, was du im Leben erreichen kannst. Es geht nicht um die Verwandlung an der Oberfläche. Es geht um die Beständigkeit deines Wesens. Zu diesem Wesen zu gelangen, war nicht einfach. Es war ein harter und schmerzhafter Weg. Es vom Inneren heraus wirken zu lassen, bedarf Durchhaltevermögen und Beständigkeit. Mein Wesen, mein wahres Selbst kennenlernen zu dürfen und zuzusehen, wie sich dessen Entfaltung in meinem äußeren Leben manifestiert, ist ein absolutes Geschenk. Der

Unterschied zur „Spiri-Bubble" liegt in der Tiefe des Wirkens. Es macht einen gewaltigen Unterschied, ob du an der Oberfläche oder in der Tiefe wirkst. Wir alle entscheiden, wie weit wir heilen wollen. Wir alle entscheiden selbst, ob wir bereit sind, einen Unterschied zuzulassen oder uns doch lieber an das gewohnte alte Ich klammern. Wir alle tragen selbst die Verantwortung für unsere Heilung. Wir alle entscheiden selbst.

In den letzten drei Jahren habe ich unzählige Entscheidungen getroffen. Eine nach der anderen. Ich war teilweise so müde vom Entscheidung-Treffen. Und dennoch tat ich es immer wieder. Ich habe mir – nicht wie früher – die Entscheidung vom Leben abnehmen lassen und mich in den schmerzhaften Konsequenzen verkrochen. Nein, ich habe jede Entscheidung selbst getroffen und aus diesem Grund führe ich ein heilsameres, freieres und erfüllteres Leben als jemals zuvor.

Meine Reise endet nicht mit diesem Buch. Sie hat gerade erst begonnen. Dieses Buch hat eine neue Version von mir entstehen lassen: Alisa, eine Frau, die ihre Heilung über ihre Hände hinaus in die Welt tragen wird. Willkommen in meinem Leben.

Willkommen in deinem Leben.

Quellennachweise:

Abb. 1, S. 54: https://lauraseiler.com/165-podcast-wie-deine-gefuehle-dein-leben-beeinflussen

Joe Dispenza – „Ein neues Ich"

Joe Dispenza – „Werde übernatürlich"

Don Miguel Ruiz – „Die vier Versprechen"

Lerninhalte meiner Yogalehrerausbildung 2019

Lerninhalte Reikiausbildung

Meditationen zum Buch

Die geführten Meditationen findest du zum Anhören und als kostenlosen Download auf der Landing Page des Buches:

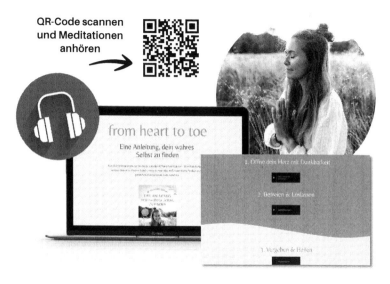

www.fromhearttotoe.com/fhtt-buchmeditationen

Mit diesen Meditationen wünsche ich dir viel Freude, Heilung, Leichtigkeit und das Finden deines wunderschönen Selbsts.

P. S.: Die Aufzeichnungen sind nicht im exakt gleichen Wortlaut wie die geschriebenen Meditationen. Ich fühle mich immer gerne selbst rein und lasse dann fließen, was kommt.

Über die Autorin

Als Expertin für moderne Spiritualität wirkt **Alisa C. Füssel** erfolgreich als Coachin, Reiki-Lehrerin, Sound Healerin und Unternehmerin. Mit ihrem Soul Business from heart to toe healing bietet sie Coachings, Reiki-Sessions und Reiki-Ausbildungen, Sound Baths und Workshops an, die die Menschen in ihrer Heilung und bei ihrer persönlichen Weiterentwicklung unterstützen. Ihre Vision mit ihrem Tätigkeitsfeld und auch mit ihrem Online Shop ist es, moderne Spiritualität und ganzheitliches Heilen zugänglich zu machen, Bewusstsein zu schaffen und Transformation in der Tiefe zu bewirken. Sie unterstützt ihre Klient:innen dabei, sich mit ihrer inneren Kraft und Essenz zu verbinden, um in die bestmögliche Version ihrer selbst hineinzuwachsen.

Kontakt:
Alisa Claire Füssel
from heart to toe healing
www.fromhearttotoe.com
hi@fromhearttotoe.com
◉ @from.heart.to.toe.healing

Printed in Poland
by Amazon Fulfillment
Poland Sp. z o.o., Wrocław

44012262R00161